XIV Dalajlama Tenzin Giac

Świat buddyzmu tybeta

XIV Dalajlama Tenzin Giaco

Świat buddyzmu tybetańskiego

Zarys filozofii i praktyki

Przekład z języka tybetańskiego na angielski i redakcja
Gesze Thubten Dzinpa

Przekład z języka angielskiego
Krzysztof Jakubczak

Wydawnictwo Mudra 2002

Tytuł oryginału: *The World of Tibetan Buddhism: An Overview of Its Philosophy and Practice*

Published by Wisdom Publications, Inc.

Projekt okładki: Jakub de Barbaro
Fotografia na okładce: Wisdom Publications, Inc.

Konsultacja terminów tybetańskich: Joanna Grela
Redakcja: Artur Kawiński, Anna Kowalczyk
Korekta: Krystyna Stefaniak

ISBN 83-87387-07-X

Adres do korespondencji:
30-024 Kraków 65, skr. poczt. 74
tel./faks: (012) 282 22 59
e-mail: mudrapub@kr.onet.pl
www.mudra.pl

Skład: TAK

Spis treści

Część II. Altruistyczne spojrzenie na świat a sposób życia

Część III. Buddyzm wadżrajany w Tybecie

Słowo wstępne

Fundacja Gere'a ma zaszczyt finansować wydanie kolejnych dzieł Jego Świątobliwości Dalajlamy w wydawnictwie Wisdom. Pierwszymi dwoma z tej serii były *Opening the Eye of New Awareness* oraz *The Meaning of Life from a Buddhist Perspective.*

W niniejszym tomie, zatytułowanym *Świat buddyzmu tybetańskiego*, doskonale przełożonym i zredagowanym przez Gesze Thubtena Dzinpę, Jego Świątobliwość daje jasny i wnikliwy przegląd praktyk buddyzmu tybetańskiego, począwszy od Czterech Szlachetnych Prawd aż po tantrę najwyższej jogi, przy czym, jak zawsze, kładzie szczególny nacisk na praktykę miłości, życzliwości i uniwersalnej odpowiedzialności. Wzywa, abyśmy zachowali uważność i byli świadomi danej chwili, abyśmy kontrolując swoje nastawienia, działania i ich motywacje, stale byli czujni. Jego Świątobliwość zachęca też do bezkompromisowej analizy własnego umysłu i przeprowadzenia pozytywnych zmian w nas samych. Niełatwe to zadania. Tylko nieliczni są zdolni do prawdziwego męstwa i żelaznej determinacji wymaganych do osiągnięcia oświecenia za przykładem Śakjamuniego, Nagardżuny, Milarepy, Congkhapy i innych buddyjskich świętych i bohaterów. Dzięki wytrwałej praktyce możemy jednak wnieść więcej światła do swego umysłu i poczuć ciepło swego serca.

Dalajlama, laureat Pokojowej Nagrody Nobla w 1989 roku, cieszy się powszechnie szacunkiem jako jeden z naszych największych duchowych przyjaciół. Jest on kontynuatorem nieprzerwanej linii przekazu sięgającej 2500 lat wstecz do historycznego Buddy. Pełnienie przez 45 lat funkcji duchowego nauczyciela i politycznego przywódcy jest w naszych czasach czymś wyjątkowym. Jego Świątobliwość często mawia: „Moją religią jest życzliwość".

Od czasu chińskiej inwazji na niepodległy Tybet w 1950 roku oraz dramatycznej ucieczki Dalajlamy do Indii w 1959 roku niestrudzenie pracował on na rzecz ocalenia swych rodaków przed systematycznym ludobójstwem, które pochłonęło 1,2 miliona Tybetańczyków – jedną piątą ludności kraju sprzed najazdu. Niesłabnące współczucie Jego Świątobliwości skierowane nawet do tych, którzy w dalszym ciągu niszczą jego kraj, jest aktywnością prawdziwego i wiarygodnego bodhisattwy. Niniejsza książka daje nam wszystkim wyjątkową sposobność zetknięcia się z takim człowiekiem i jego naukami.

Fundacja Gere'a jest dumna, że może wspomóc Jego Świątobliwość w głoszeniu przezeń przesłania powszechnej odpowiedzialności i pokoju. Fundacja z przyjemnością wspiera także wydawnictwo Wisdom w jego wysiłkach promowania wspomnianych idei. Oby książka ta przyniosła wszystkim istotom szczęście teraz i w przyszłości.

Richard Gere
Nowy Jork

Przedmowa

Przez ponad cztery dni wiosną 1988 roku Jego Świątobliwość Dalajlama wygłaszał w Londynie serię wykładów na temat buddyzmu tybetańskiego. Zorganizowała je londyńska Fundacja Tybetańska. Wykłady prowadzone były, jak zwykle, w kameralnym i mało formalnym stylu, w żaden sposób jednak nie umniejszającym powagi i głębi tematu. Spoglądając wstecz, sądzę, że wykłady te wyznaczyły punkt zwrotny w metodzie nauczania buddystów przez Jego Świątobliwość. Zapoczątkował on wówczas oryginalny, ale nie wymyślny, system prezentacji buddyjskiej ścieżki. Wychodząc od czterech prostych przesłanek głoszących: że istnieje cierpienie, że ma ono początek, że istnieje koniec cierpienia i, ostatecznie, że istnieje metoda kładąca kres cierpieniu, Jego Świątobliwość przedstawia złożoną strukturę buddyzmu tybetańskiego – jego filozofię i praktykę – łącznie z ezoteryczną ścieżką buddyzmu wadżrajany. Jasno demonstruje, jak można i powinno się widzieć wszystkie aspekty ścieżki buddyzmu tybetańskiego: jako wyłaniające się z idei Czterech Szlachetnych Prawd i zarazem mocno w niej zakorzenione. Krótko mówiąc, Jego Świątobliwość pokazuje, przekonująco to wyjaśniając, dlaczego buddyzm tybetański jest „buddyzmem pełnym". W ten sposób powstało wyjątkowe opracowanie jego teorii i praktyki, w którym łączy się ostry, przenikliwy wgląd Jego Świątobliwości, dogłębna i pełna refleksji analiza oraz głębokie duchowe doświadczenie powiązane ze zdumiewającą wiedzą o każdym obszarze buddyjskiej myśli – a wszystko to przedstawione w stylu, który nie przestaje promieniować radosnym bogactwem życia i miłością do wszystkich istot.

Praca nad tą książką sprawiła mi ogromną radość i jestem szczęśliwy, że teraz także inni będą mogli podzielić moje doświadczenie. Wiele osób przyczyniło się do sukcesu tego przedsięwzięcia. Chciałbym podziękować Sally Ward – za to, że podjęła się trudnego zadania spisania wykładów z taśm, oraz Czcigodnej Sarah Thresher, mojej pierwszej redaktorce z Wisdom Publications – za przygotowanie drugiej kopii zapisu wraz niezbędną wstępną redakcją. Chciałbym także podziękować mojej redaktorce z Wisdom, Czcigodnej Connie Miller – za jej wartościowe komentarze i krytyczne uwagi, które przyczyniły się do poprawienia angielskiej wersji tekstu. Składam także podziękowania Vincentowi Montenegro, a szczególnie gorące – Marii Montenegro, a także Robertowi Chiltonowi – za godziny spędzone przy redakcji i sprawdzaniu tej pracy.

Upłynęło sporo czasu, nim wykłady pojawiły się w postaci książkowej. Choć pragnąłem jak najszybciej ujrzeć je w druku, to trzy lata (między 1989 a 1992 rokiem) moich studiów w Cambridge w Anglii opóźniły prace nad książką. Jednakże spoglądając wstecz, sądzę, że ostatecznie zwłoka wyszła jej na dobre: kiedy w końcu znalazłem czas, aby pracować nad wykładami, byłem w stanie lepiej ocenić subtelności wielu anglojęzycznych terminów filozoficznych. Dlatego jestem głęboko wdzięczny Fundacji Inlaks z Londynu, a także moim przyjaciołom: Geoffowi Jukesowi, Mornie White oraz Isabelle White, dzięki szczodrości których mogłem studiować w Cambridge.

W niniejszej książce starałem się przyjąć styl tłumaczenia, który odzwierciedlałby w języku angielskim – na tyle wiernie, na ile to tylko możliwe – tok myśli Jego Świątobliwości. Pomogły mi w tym same wykłady Dalajlamy, gdyż wiele z nich, przynajmniej częściowo, zostało wygłoszonych po angielsku. Z myślą o tych, którzy pragną zgłębiać poszczególne obszary tybetańskiego buddyzmu, zaopatrzyłem książkę w obszerne przypisy i bibliografię. Z tych samych powodów został sporządzony słownik ważnych terminów wraz z ich tybetańskimi i sanskryckimi odpowiednikami. Chciałbym przekazać podziękowania dla Johna Dunne'a, Sarah McClintock, Davida Reigle'a, Czcigodnego Michaela Roacha i Artemusa Engle'a za ich pomoc w przygotowaniu transliteracji tybetańskich i sanskryckich terminów oraz za sprawdzenie tłumaczeń cytatów. Chciałbym także podziękować Sophie Boyer za przeczytanie całego rękopisu i przedstawienie cennych opinii z perspektywy osoby niezaangażowanej w buddyjskie nauki.

Mam szczerą nadzieję, że książka niniejsza wniesie radość w serca wielu ludzi i pozwoli im bardziej docenić bogactwo duchowej tradycji Tybetu.

Gesze Thubten Dzinpa
Gaden, Indie

Od redakcji

Nazwy i terminy tybetańskie pojawiające się w tekście są oddane w zapisie fonetycznym. W bibliografii, słowniku i w odnośnikach ujętych w nawiasy nazwy i tytuły tybetańskie zostały zapisane w transkrypcji romańskiej zgodnej z systemem opracowanym przez Turrella Wylie'a[1]. Jedynym wyjątkiem jest zapis wersalikiem pierwszej litery pierwszego rdzenia nazwy bądź tytułu. Transliteracja sanskrytu zgadza się ze standardowym systemem międzynarodowym. Rozmyślnie zminimalizowano użycie tybetańskich i sanskryckich słów w głównym tekście, aby nie zakłócać toku wykładu. Słownik zawiera tybetańskie (i sporadycznie sanskryckie) terminy, które odpowiadają pojęciom zastosowanym w tekście. Tytuły tekstów są pisane kursywą. Tytuły sutr, tantr i tybetańskich komentarzy są podawane w tłumaczeniu. Traktaty indyjskie są przywoływane pod tytułami sanskryckimi. Wszystkie tłumaczenia na angielski z pism źródłowych zostały dokonane przeze mnie, o ile nie zaznaczono inaczej.

Gesze Thubten Dzinpa

---

[1] *A Standard System of Tibetan Transcription*, „Harvard Journal of Asiatic Studies", t. 22 (1959), s. 261–267.

Świat buddyzmu tybetańskiego

Wprowadzenie

Bracia i siostry, jestem szczęśliwy, że mogę być tutaj i spotkać się z ludźmi, którzy gorąco interesują się Dharmą* Buddy. Dostrzegam na sali wiele znajomych twarzy – bardzo się cieszę z kolejnej okazji spotkania z wami.

Przez kolejne trzy dni będę mówił o buddyjskiej myśli i praktyce z perspektywy tradycji tybetańskiej. Wykłady będą dotyczyć głównie dwóch tematów. Pierwszy z nich (cz. I i III) to ogólne wprowadzenie w nauki buddyjskie: ogólny zarys teorii i praktyk buddyzmu tybetańskiego. Zazwyczaj wyjaśniam, że buddyzm tybetański jest być może najpełniejszą formą Dharmy Buddy. Zawiera bowiem wszystkie istotne nauki buddyjskich tradycji praktykowanych w różnych stronach świata. Ponieważ wielu z was otrzymało już sporo tantrycznych inicjacji i pouczeń, sądzę, że zarys buddyzmu tybetańskiego przedstawiający wyrazisty obraz struktury buddyjskiej ścieżki może się bardzo przydać do pogłębienia waszego zrozumienia i praktyki.

Drugim tematem (cz. II) jest altruistyczna postawa cechująca bodhisattwę*. Odwołując się do *Przewodnika po ścieżce bodhisattwy*

---

* Niektóre nieomówione szerzej w tekście terminy oznaczono gwiazdką i wyjaśniono w słowniczku na końcu książki (przyp. red.).

(*Bodhicaryāvatāra*) Śantidewy*, przedstawię komentarz do części tego tekstu, skupiając się głównie na praktyce miłości, życzliwości i współczucia. Ściśle wiąże się z nimi zagadnienie doskonalenia cierpliwości oraz doskonalenie właściwych postaw, jakie należy przyjmować wobec własnego wroga.

W czasie pierwszych trzech dni nie będę dalajlamą ani bhikszu* Tenzinem Giaco, lecz profesorem Tenzinem Giaco. Jednak czwartego dnia odbędzie się inicjacja Zielonej Tary i tego dnia stanę się na powrót bhikszu Tenzinem Giaco.

Jak już wspominałem, wiele przybyłych tutaj osób zna się nawzajem. Od naszego ostatniego spotkania wielu z nas wiodło bardzo pracowity żywot. Bez względu na to, czy robimy ze swoim życiem coś dobrego i wartościowego czy też nie, czas nigdy nie czeka, lecz nieustannie płynie. Także nasze życie nieustannie biegnie do przodu. Gdy coś nam poszło źle, nie możemy cofnąć czasu i spróbować ponownie. W tym sensie druga szansa nie istnieje. Dlatego ważne jest, aby praktykujący na ścieżce duchowego rozwoju stale badał swoje postawy i czyny. Jeśli codziennie zwracamy na to uwagę, zachowując uważność i czujność umysłu, kontrolując swoje myśli, motywacje oraz ich przejawy w zewnętrznym zachowaniu, to otwiera się przed nami możliwość zmiany i samodoskonalenia. Chociaż nie mogę z całą pewnością powiedzieć o sobie, że przez te lata zrobiłem godne uwagi postępy, to moje pragnienie i determinacja, aby się zmienić i udoskonalić, są zawsze silne. Od świtu aż do chwili, gdy idę spać, w każdej przydarzającej mi się sytuacji, zawsze staram się kontrolować motywy swojego postępowania, być uważnym i świadomym każdej chwili. Uważam, że bardzo mi to pomaga.

Przez trzy dni, które z sobą spędzimy, będę omawiał różne metody, jakie można zastosować do badania siebie. Umożliwią wam one poznawanie samych siebie i rozwój. Traktując swe ciała i umysły jak laboratorium, przekonajcie się sami, czy potraficie zastosować owe techniki. Zaangażujcie się w bezkompromisowe badanie funkcjonowania własnego umysłu oraz sprawdźcie, czy istnieje możliwość dokonania w sobie pozytywnych zmian. Tak właśnie buddysta powinien postrzegać nauki Buddy.

Są tutaj także tacy, którzy chociaż nie uważają się za praktykujących nauki Buddy, to szczerze pragną dowiedzieć się czegoś więcej na temat buddyzmu w ogóle, a buddyzmu tybetańskiego w szczególności. Dotyczy to także tych, którzy praktykując już swoją religię, wyrażają głębokie zainteresowanie innymi duchowymi tradycjami. Jestem pewien, że i oni znajdą w naukach buddyjskich wiele punktów wspólnych z własną tradycją, takich jak medytacja czy kontemplacja miłości i współczucia, które mogą włączyć do swej religijnej praktyki. Tego typu ekumeniczna otwartość może przynieść wielki pożytek.

Być może są tutaj również osoby niezainteresowane duchowością, które przyszły powodowane po prostu czystą ciekawością. Możecie po prostu siedzieć i słuchać moich prelekcji tak, jak słucha się zwykłych wykładów. Jeśli znajdziecie w nich coś interesującego, możecie zwrócić na to uwagę. Jeśli nie – potraktujcie to spotkanie jako czas przeznaczony na odpoczynek. W takim wypadku proszę jednak, abyście zachowywali się dyskretnie. Zwłaszcza jeśli zdarzy się wam przysnąć, starajcie się nie chrapać, bo moglibyście przeszkadzać sąsiadom!

Dalajlama XIV
Tenzin Giaco

Część I

Ogólne uwagi o buddyzmie

I

Buddyjskie systemy teorii i praktyki

W klasycznej buddyjskiej literaturze wspomina się o różnych systemach teorii i praktyki[1]. Systemy te zwane są janami (*yāna*), czyli pojazdami. Oprócz pojazdów buddyjskich: pojazdu indywidualnego wyzwolenia (*hīnayāna*), pojazdu powszechnego wyzwolenia (*mahāyāna*) oraz pojazdu tantry (*tantrayāna*), istnieje na przykład wiele pojazdów istot ludzkich i boskich. W tym kontekście pojazdy istot ludzkich i boskich to systemy, które oferują ćwiczenia i metody niezbędne do zrealizowania głównych dążeń tego życia i do uzyskania korzystnych ponownych narodzin w postaci ludzkiej lub boskiej. Systemy te uwypuklają znaczenie, jakie ma prowadzenie zdrowego pod względem etycznym stylu życia opartego na powstrzymywaniu się od negatywnych działań. Cnotliwe życie i postępowanie uznaje się za najważniejsze czynniki zapewniające korzystne ponowne narodziny.

Budda wspominał też o innej kategorii pojazdu, a mianowicie o pojeździe Brahmy. Są to techniki medytacji nakierowane na osiągnięcie najwyższej możliwej formy życia w sansarze*, czyli w karmicznie

---

[1] Na przykład *Sutra o dotarciu do Lanki* (*Laṅkāvatārasūtra*), jedna z najważniejszych sutr buddyzmu mahajany, wymienia niektóre z tych systemów. Sutrę tę przełożył na angielski D.T. Suzuki (*The Lankavatara Sutra*, Routledge and Kegan Paul, London 1956).

uwarunkowanym cyklu istnienia. Uczą one między innymi odwracania umysłu od wszelkich zewnętrznych przedmiotów, co prowadzi do jego jednoupunktowienia*. Stany medytacyjne doświadczane w wyniku jednoupunktowienia umysłu są odmiennymi stanami świadomości. Ze względu na swoje fenomenologiczne aspekty oraz ze względu na sposób, w jaki odnosimy się w tych stanach do przedmiotów – ściśle odpowiadają one stanom istnienia w sferach formy* i poza formą*,[2].

Z buddyjskiego punktu widzenia wszystkie te systemy są jednakowo godne szacunku, gdyż wszystkie przynoszą wielkie korzyści ogromnej liczbie czujących istot. Nie oznacza to jednak, że wszystkie one w równie pełny sposób przedstawiają ścieżkę prowadzącą do całkowitego wyzwolenia z cierpienia i cyklicznej egzystencji. Autentyczną wolność i wyzwolenie można osiągnąć tylko wtedy, gdy całkowicie przekroczy się swoją fundamentalną niewiedzę – nawykowe błędne pojmowanie natury rzeczywistości. Niewiedza ta, leżąca u podstaw wszelkich stanów emocjonalnych i poznawczych, stanowi podstawowy czynnik, który wiąże nas z nieustającym cyklem życia i śmierci w sansarze. System myśli i praktyki, który przedstawia pełną ścieżkę wiodącą do wyzwolenia z owego zniewolenia, jest zwany pojazdem Buddy (*buddhayāna*).

Pojazd Buddy tworzą dwa główne systemy myśli i praktyki: pojazd indywidualny, czyli hinajana*, oraz pojazd uniwersalny, czyli mahajana*. Pierwszy zawiera system therawady stanowiący dominującą formę buddyzmu w wielu azjatyckich krajach, takich jak Sri Lanka, Tajlandia, Birma, Kambodża i inne. W klasycznej literaturze

[2] Szczegółowe omówienie sfer formy i poza formą oraz odpowiadających im stanów medytacyjnych, które prowadzą do odrodzenia się w tych sferach, można znaleźć w: Lati Rinpoche, Denma Lochoe Rinpoche, L. Zahler i J. Hopkins, *Meditative States in Tibetan Buddhism*, Wisdom Publications, Boston 1983. Podstawowymi indyjskimi źródłami omawiającymi kwestię związku różnych medytacyjnych stanów ze sferami formy i poza formą są dwa dzieła Asangi – *Abhidharmasamuccczaja* i *Śrawakabhumi*, oraz dzieło Wasubandhu – *Abhidharmakośa* (zob. bibliografia).

buddyjskiej pisze się, że pojazd indywidualny ma dwa główne odłamy: pojazd słuchaczy (*śrāvakayāna*) i pojazd urzeczywistniających się samotnie (*pratyekabuddhayāna*). Zasadnicza różnica między pojazdem indywidualnym a uniwersalnym uwidacznia się w poglądach na temat buddyjskiej doktryny nieesencjonalności[3] oraz zakresu jej zastosowania. Zgodnie z naukami pojazdu indywidualnego pogląd o nieesencjonalności stosuje się tylko do osoby i osobowej tożsamości, a nie do rzeczy i zdarzeń w ogóle, natomiast według pojazdu uniwersalnego zasada nieesencjonalności nie ogranicza się do wąskiego zakresu osoby, lecz obejmuje całe spektrum istnienia, wszystkie zjawiska. Innymi słowy, w systemie pojazdu uniwersalnego nieesencjonalność pojmuje się jako zasadę uniwersalną. Zinterpretowana w ten sposób zasada nieesencjonalności zyskuje większą głębię. Według nauk pojazdu uniwersalnego jedynie wtedy, gdy doświadczenie braku esencji jest zakorzenione w tej uniwersalnej interpretacji, może ono doprowadzić do usunięcia iluzji i leżących u jej podstaw stanów niewiedzy. Dzięki usunięciu owych stanów możemy odciąć korzeń sansary. Ponadto głębokie doświadczenie nieesencjonalności może też ostatecznie doprowadzić do pełnego oświecenia – stanu całkowitej wolności od subtelnych śladów [negatywnych czynów – przyp. tłum.] i tamujących drogę do wyzwolenia nawykowych skłonności* wytworzonych przez błędne pojmowanie natury rzeczywistości. System myśli i praktyki, który prezentuje taki pogląd na nieesencjonalność, jest zwany mahajaną, czyli pojazdem uniwersalnym.

Pojazd tantry, czyli wadżrajana* – uważany w tradycji tybetańskiej za najdoskonalszy – wchodzi w skład pojazdu uniwersalnego.

---

[3] Przez „nieesencjonalność" tłumaczę tu angielski termin *selflessness* odpowiadający sanskryckiemu słowu *anātman*. W odniesieniu do osoby słowo to zwykle przekłada się na język polski jako „bezjaźniowość", „brak jaźni" lub „nie-ja". Jednakże w odniesieniu do rzeczy tłumaczenie takie byłoby pozbawione sensu, gdyż nie na brak jaźni, lecz brak esencji, substancji i własnej natury zwraca się tu uwagę. Zastosowane przeze mnie tłumaczenie ma tę zaletę, że można się nim posłużyć w obu kontekstach (przyp. tłum.).

Oprócz praktyk medytacyjnych mających na celu wzmocnienie świadomości pustki i doskonalenie bodhiczitty[4], system ten obejmuje także zaawansowane techniki wykorzystujące w praktyce medytacyjnej subtelne składniki fizycznego ciała. Sztuki tej dokonuje się podczas skomplikowanych praktyk jogicznych wymagających głównie przenikania umysłem ważnych punktów w ciele, w których zlokalizowane są czakramy, czyli ośrodki energii. Dzięki temu subtelnemu zestrojeniu umysłu i ciała osoba praktykująca może przyspieszyć proces odcinania korzenia niewiedzy, aby całkowicie zniwelować jej skutki. Kulminacją owego procesu jest osiągnięcie pełnego oświecenia. Medytacja wymagająca subtelnego zestrojenia umysłu i ciała stanowi specyficzną cechę pojazdu tantry.

Teraz, zgodnie z naszą obecną wiedzą na ten temat, pokrótce objaśnię historyczne tło buddyzmu. Według kaszmirskiego pandity* Śakjaśribhadry*, który przybył do Tybetu na początku XIII wieku, Budda urodził się w Indiach około 2500 lat temu. Zgadza się to z ogólnie obowiązującym stanowiskiem tradycji therawady. Jednak według niektórych tybetańskich uczonych Budda pojawił się na świecie ponad 3000 lat temu[5]. Istnieje także trzeci pogląd, który umieszcza datę narodzin Buddy gdzieś w VIII wieku p.n.e. Kiedy zastanawiam się nad tymi sprzecznymi poglądami dotyczącymi, być może,

[4] Krótki opis nastawienia bodhiczitty znajduje się na s. 38. Szerzej zagadnienie to zostało potraktowane przy omawianiu ćwiczenia umysłu (lodziong) oraz praktyki bodhisattwy w rozdziale 1 w części II.

[5] W obrębie nauki tybetańskiej istnieje rozbieżność poglądów na temat daty narodzin Buddy. Znane są zwłaszcza dwa stanowiska: Atiśi (indyjskiego mistrza, który przybył do Tybetu w XI wieku) oraz Sakja Pandity Kungi Gialcena (1182–1251). Stanowisko pierwszego nie różni się specjalnie od stanowiska kaszmirskiego pandity Śakjaśribhadry i – jak wspomina Jego Świątobliwość – zgadza się ono z ogólnie obowiązującym stanowiskiem therawady. Według tego poglądu narodziny Siddharthy Gautamy (pod takim imieniem znany był Budda, zanim osiągnął oświecenie) miały miejsce w 623 roku p.n.e., a śmierć w 543 roku p.n.e. (według współczesnej nauki zachodniej są to daty 563 rok p.n.e. i 483 rok p.n.e., a więc dobre 60 lat później). Natomiast według obliczeń Sakja Pandity Budda urodził się ponad 3000 lat temu.

najważniejszej daty w historii buddyzmu, czuję czasami pewne zakłopotanie: ciągle jeszcze nie ma zgody co do okresu, w którym żył mistrz Budda Śakjamuni. Całkiem poważnie sądzę, że warto byłoby poddać naukowym testom, oczywiście z zachowaniem należytego szacunku, różne relikwie uważane za autentyczne szczątki Buddy. Relikwie te można znaleźć m.in. w Indiach, Nepalu i Tybecie. Być może dzięki naukowym doświadczeniom przy użyciu skomplikowanych współczesnych technologii i odczynników chemicznych udałoby się ustalić z większą dokładnością czas życia Buddy. W przeszłości uczeni buddyjscy próbowali tworzyć własne wersje historii życia Buddy głównie poprzez zastosowanie logiki i sztuki dowodzenia. Wziąwszy jednak pod uwagę naturę tego zagadnienia, sądzę, że wywiedziony w ten sposób dowód nigdy nie może być rozstrzygający.

Mimo że twierdzenia dotyczące daty narodzin Buddy wzajemnie sobie przeczą, w literaturze panuje ogólna zgoda co do kluczowych wydarzeń z jego życia. Wiemy, że Budda był początkowo zwykłym człowiekiem, takim jak my, obarczonym wszystkimi podstawowymi ludzkimi wadami i słabościami. Urodził się w królewskiej rodzinie, ożenił się i miał syna. Później jednak zetknął się z bolesną naturą życia, która objawiła mu się w postaci nieoczekiwanych spotkań z ludźmi chorymi, starymi i umierającymi. Głęboko tym poruszony, książę ostatecznie opuścił pałac i wyrzekł się wygodnego i bezpiecznego życia. Jego pierwszą reakcją na doświadczenie cierpienia było przyjęcie surowego stylu życia ascety podążającego duchową ścieżką wymagającą fizycznych umartwień. Później odkrył, że ścieżka naprawdę wyprowadzająca z cierpienia biegnie „drogą środkową" – pomiędzy skrajnościami całkowitej ascezy i zbytniego folgowania sobie. Szczere duchowe poszukiwania ostatecznie doprowadziły go do przebudzenia, oświecenia: do odkrycia własnej natury buddy.

Sądzę, że historia życia Buddy ma dla nas wielkie znaczenie. Pokazuje ona jak ogromny potencjał i zdolności tkwią w ludzkiej istocie. Wydarzenia, które doprowadziły Buddę do pełnego oświecenia, stanowią, według mnie, odpowiedni i bardzo inspirujący przykład dla podążających jego śladem. Krótko mówiąc, życie Śakjamuniego daje następujące świadectwo: „Oto sposób, w jaki powinieneś podążać duchową ścieżką. Musisz pamiętać, że osiągnięcie oświecenia nie jest łatwym zadaniem. Wymaga czasu, nieugiętej woli i wytrwałości". Dlatego ważne jest, by od samego początku nie popadać w iluzje o szybkiej i łatwej ścieżce. Jako praktykujący duchowe nauki musicie być przygotowani na znoszenie trudów, które z pewnością napotkacie na ścieżce. Musicie również zrozumieć, że kluczem do osiągnięcia sukcesu w praktyce jest determinacja. Stanowcza postawa jest tu bardzo ważna. Historia życia Buddy Śakjamuniego ukazuje kogoś, kto osiągnął pełne oświecenie dzięki ciężkiej pracy oraz niezachwianemu poświęceniu. Śmieszne jest zatem, kiedy my – kroczący śladami Buddy – zdajemy się czasami wierzyć, że uda nam się osiągnąć oświecenie znacznie łatwiej i kosztem mniejszego wysiłku.

2

Pierwszy obrót kołem Dharmy

Cztery Szlachetne Prawdy

Jak głosi popularna legenda, po osiągnięciu pełnego oświecenia Budda przez czterdzieści dziewięć dni zachowywał milczenie i nie udzielał żadnych nauk. Pierwsze publiczne nauki, jakich udzielił, były skierowane do pięciu ascetów – jego towarzyszy z czasów, gdy wiódł żywot żebraka. Zdawszy sobie sprawę, że przesadna asceza nie prowadzi do wyzwolenia z cierpienia, Budda – wtedy jeszcze zwany Sidharthą Gautamą – zarzucił umartwienia i rozstał się ze współtowarzyszami. Ci uznali jego decyzję za zdradę i z oburzeniem wyrzekli się go jako członka swojej wspólnoty. Według nich odejście Siddharthy świadczyło o jego niezdolności do znoszenia trudów życia ascety. Jednak gdy spotkali Buddę po osiągnięciu przezeń oświecenia, spontanicznie poczuli silny związek z nim. To właśnie do nich Budda skierował swe pierwsze publiczne nauki w Parku Gazeli w Sarnath[6].

W kazaniu tym, znanym jako pierwszy obrót kołem Dharmy[7], Budda nauczał Czterech Szlachetnych Prawd. Jak pewnie większość

---

[6] Sarnath leży blisko Benaresu (obecnie Waranasi) w indyjskim stanie Uttar Prades.

[7] Należy wspomnieć, że poszczególne obroty kołem Dharmy zazwyczaj nie wiążą się z odrębnymi kazaniami wygłaszanymi przy jakichś konkretnych okazjach. Dostarczają

z was już wie, są to: prawda o cierpieniu, prawda o powstawaniu cierpienia, prawda o ustaniu cierpienia oraz prawda o ścieżce prowadzącej do ustania cierpienia.

Według sutry* traktującej o pierwszym obrocie Budda nauczał Czterech Szlachetnych Prawd w kontekście trzech aspektów: natury samych Prawd, ich specyficznych funkcji i ich skutków, czyli pełnego urzeczywistnienia. Pierwszy aspekt opisuje naturę poszczególnych Prawd. Drugi wyjaśnia, jak ważne jest dla osoby praktykującej zrozumienie specyficznego znaczenia każdej z nich, to jest tego, że należy rozpoznać cierpienie, odciąć korzenie cierpienia, doprowadzić do ustania cierpienia oraz przejść ścieżkę wiodącą do owego ustania. W kontekście trzeciego aspektu Budda objaśnił ostateczny skutek, czyli pełne urzeczywistnienie Czterech Szlachetnych Prawd, a mianowicie całkowite rozpoznanie cierpienia, całkowite porzucenie źródła cierpienia, doprowadzenie do całkowitego ustania cierpienia oraz całkowite urzeczywistnienie ścieżki wiodącej do ustania. Osobiście uważam naukę o Czterech Szlachetnych Prawdach za niezwykle głęboką. Wyznacza ona ogólny plan dla całej buddyjskiej myśli i praktyki, tworząc tym samym zasadniczą strukturę indywidualnej ścieżki do oświecenia. Dokładnie omówię to później.

Tym, czego pragniemy i czego szukamy, jest szczęście oraz ustanie cierpienia. Owa tęsknota za szczęściem oraz brakiem bólu i cierpienia jest nam wszystkim wrodzona i nie wymaga dla swego istnienia i uprawomocnienia żadnego uzasadnienia. Jednakże szczęście i cierpienie nie biorą się z niczego. Stanowią konsekwencje przyczyn

---

one raczej ram dla przeprowadzenia klasyfikacji wszystkich nauk Buddy ze względu na poruszane w nich zagadnienie i głoszony pogląd filozoficzny. Hermeneutyczna metoda polegająca na rozróżnieniu różnych „obrotów", obecna tylko w tradycjach mahajany, jest bardzo złożona i stanowi przedmiot kontrowersji. W skrócie możemy powiedzieć, że pierwsze kazanie Buddy w Parku Gazeli zapoczątkowało sposób nauczania, który stał się znany jako pierwszy obrót kołem Dharmy.

i warunków. Krótko mówiąc, doktryna Czterech Szlachetnych Prawd wyraża zasadę przyczynowości. Pamiętając o tej decydującej kwestii, stwierdzam czasami, że cała buddyjska myśl i praktyka dają się streścić w dwóch zasadach: 1) w zasadzie uznającej współzależną naturę zjawisk, przyjmującej, że rzeczy i zdarzenia z natury powstają we wzajemnej zależności, oraz 2) w opartej na niej zasadzie kierowania się w życiu ideą niekrzywdzenia i nieszkodzenia innym.

Buddyzm opowiada się za postępowaniem wynikającym z idei niekrzywdzenia innych, opierając się na dwóch prostych i oczywistych przesłankach: 1) wszyscy jesteśmy czującymi istotami, zatem nikt z nas nie chce cierpieć, 2) cierpienie wywołują określone przyczyny pojawiające się w określonych warunkach.

Nauki buddyjskie głoszą dalej, że podstawowa przyczyna naszego bólu i cierpienia tkwi w niewiedzy i niezdyscyplinowaniu naszego umysłu. Dlatego, jeśli chcemy uniknąć cierpienia, powinniśmy powstrzymać się od destrukcyjnych działań, które do niego prowadzą. Cierpienie nie istnieje samo z siebie – powstaje ono jako rezultat określonych przyczyn i warunków. I właśnie w zrozumieniu natury cierpienia i jego związku z przyczynami i warunkami decydującą rolę odgrywa zasada zależnego powstawania. Głosi ona, że skutek zależy od przyczyny. Jeśli więc chcemy uniknąć skutku, powinniśmy starać się położyć kres przyczynie.

W obrębie Czterech Prawd mamy dwa różne zestawy przyczyn i skutków: cierpienie jest skutkiem, a źródło cierpienia jest jego przyczyną; podobnie faktyczne ustanie cierpienia to spokój, który jest skutkiem, a ścieżka wiodąca do niego to przyczyna spokoju.

Szczęście, którego szukamy – autentyczny trwały spokój i trwałe szczęście – można osiągnąć jedynie dzięki oczyszczeniu własnego umysłu. Stanie się to możliwe, gdy odetniemy podstawową przyczynę wszelkiego cierpienia – naszą fundamentalną niewiedzę. Owa wolność od cierpienia może się pojawić tylko wtedy, gdy uda się rozpoznać iluzję wytworzoną przez naszą nawykową skłonność do chwytania wewnętrznego bytu zjawisk[8], a tym samym osiągnąć wgląd, który przeniknie ostateczną naturę rzeczywistości. W tym celu jednak jednostka musi doskonalić się w trzech wyższych ćwiczeniach[9]. Ćwiczenie się we wglądzie, czy też mądrości, działa jako antidotum na niewiedzę oraz pochodzące z niej złudzenia. Jednak tylko wtedy, gdy połączymy je ze zdolnością jednoupunktowienia umysłu: gdy będziemy mogli bez rozproszenia skupić całą energię i uwagę umysłu na wybranym przedmiocie medytacji. Ćwiczenie się w wyższej koncentracji jest konieczne w zaawansowanej praktyce, gdy wykorzystujemy mądrość uzyskaną na drodze wglądu. Aby jednak ćwiczenie się w wyższej koncentracji i wyższym wglądzie było skuteczne, praktykujący musi najpierw położyć pod nie solidny fundament moralności, przyjmując zdrowy etycznie styl życia.

Trzy wyższe ćwiczenia

Tak jak istnieją trzy typy wyższych ćwiczeń: w etyce, koncentracji i mądrości, tak też buddyjskie pisma dzielą się na trzy główne działy: dyscypliny (*vinaya*), zbioru kazań (*sūtra*) oraz wiedzy metafizycznej (*abhidharma*). Jeśli potrafimy autentycznie zaangażować się w praktykowanie owych trzech ćwiczeń – na podstawie nauk z trzech zbiorów pism – oraz dzielić się tym z innymi, to można stwierdzić, że naprawdę praktykujemy Dharmę Buddy.

Tak mężczyźni, jak i kobiety muszą się w jednakowym stopniu oddawać owym trzem wyższym ćwiczeniom. Nie można tu różnicować

---

[8] Przez „wewnętrzny byt zjawisk" tłumaczę angielskie wyrażenie *intrinsic existence of phenomena*. Wyrażeniu *intrinsic existence* odpowiada w sanskrycie słowo *svabhāva*, które na polski można w miarę dosłownie przełożyć jako „samobyt". W książce tej tłumaczę je jednak jako „wewnętrzny byt", aby zachować kształt wersji angielskiej. Słowem „samobyt" tłumaczę jednak angielskie *self-existence* (przyp. tłum.).

[9] Te trzy wyższe ćwiczenia, dokładniej opisane w następnym podrozdziale, to ćwiczenie się w etyce, koncentracji i mądrości. Zwie się je wyższymi ćwiczeniami tylko wtedy, gdy łączą się z autentyczną intencją wyzwolenia się z sansary – nieustającego kołowrotu nie dającego zadowolenia uwarunkowanego istnienia.

praktykujących ze względu na płeć. Istnieją jednak pewne wyznaczone płcią różnice dotyczące zakonnych reguł ćwiczeń etycznych.

Podstawą praktyki *moralności* jest powstrzymanie się od szkodliwych działań: trzech związanych z ciałem, czterech – z mową oraz trzech – z myślą. Trzema nieprawościami ciała są: 1) zabijanie – umyślne odbieranie życia żywym istotom, 2) kradzież – zabieranie własności należącej do innej osoby bez zgody właściciela, niezależnie od wartości tej rzeczy, 3) naganne aktywności seksualne – cudzołóstwo. Czterema nieprawościami mowy są: 1) kłamstwo – wprowadzanie innych w błąd mową bądź gestem, 2) prowokowanie rozłamów – szerzenie niezgody, przez co ci, którzy się ze sobą zgadzają, przestają się zgadzać, a ci, którzy się ze sobą nie zgadzają, nie zgadzają się jeszcze bardziej, 3) prostacka mowa – lżenie innych, 4) bezsensowna gadanina – mówienie o głupich rzeczach motywowane pożądaniem itp. Trzema nieprawościami umysłu są: 1) chciwość – pragnienie posiadania czegoś, co należy do kogoś innego, 2) intencja szkodzenia – chęć wyrządzania innym krzywdy, 3) błędny pogląd – utrzymywanie, że na przykład reinkarnacja bądź Trzy Klejnoty* to fałsz.

Praktyka moralności, czyli ćwiczenie duchowe polegające na kategorycznym stosowaniu etycznego sposobu życia określonego przez reguły, znana jest jako dyscyplina indywidualnego wyzwolenia, czyli pratimoksza (*prātimokṣa*).

W starożytnych Indiach rozwinęły się cztery główne tradycje[10] różniące się pod względem natury i wykazu reguł, które później rozpadły się na osiemnaście podszkół[11]. Każda z czterech głównych

---

[10] Mahasangika, sthawira, watsiputrija-sammatija oraz sarwastiwada, zwana też mulasarwastiwadą (przyp. red.)

[11] Wszystkie osiemnaście podszkół waibhasziki* wywodzi się z dwóch pierwotnych szkół: mahasangików i sthawirów. Streszczenie odmiennych sposobów prezentacji podziału na osiemnaście szkół można znaleźć w: J. Hopkins, *Meditation on Emptiness*, Wisdom Publications, Boston 1983, s. 713–719. Wypada zauważyć, że Bhawawiweka w *Tarkadżwali* (zob. bibliografia) wymienia trzy różne poglądy na temat sposobu podziału szkół. Przytacza je Cziangkja Rolpej Dorje w: *Prezentacja filozoficznych systemów:*

gałęzi miała swą własną wersję *Sutry o indywidualnym wyzwoleniu* (*Prātimokṣasūtra*) – tradycyjnego zapisu porad Buddy dotyczących dyscypliny – która wylicza reguły etyczne oraz dostarcza wskazówek do życia monastycznego. U podstaw klasztornej tradycji tybetańskiej leżą reguły szkoły mulasarwastiwady. Według spisanej w sanskrycie *Sutry o indywidualnym wyzwoleniu*, należącej do tej właśnie szkoły, mamy 253 reguły dla w pełni wyświęconego mnicha oraz 364 dla w pełni wyświęconej mniszki. Inaczej jest w tradycji therawady, gdzie – zgodnie z palijską wersją *Sutry o indywidualnym wyzwoleniu* – wylicza się 227 reguł dla mnicha oraz 311 dla mniszki.

Praktykowanie moralności – czyli strzeżenie trzech bram: ciała, mowy i umysłu przed uleganiem szkodliwym działaniom – wyposaża nas w uważność i przytomność. Obie te właściwości umysłu pomagają unikać negatywnych działań fizycznych i werbalnych – działań, które wywierają destrukcyjny wpływ zarówno na nas samych, jak i na innych. Dlatego moralność stanowi podstawę buddyjskiej ścieżki.

Drugim etapem jest *medytacja*, czyli ćwiczenie się w wyższej koncentracji (*samādhi*). Gdy mówimy o medytacji w ogólnym buddyjskim rozumieniu, możemy wyróżnić jej dwa zasadnicze rodzaje: medytację wyciszającą i medytację analityczną. Medytacja wyciszająca[12] odnosi się przede wszystkim do stanów uspokojenia umysłu oraz

---

Ozdoba doktryny Buddy (*Grub pa'i mtha'i rnam par bzhag pa gsal bar bshad pa thub bstan lhun po'i mdzes rgyan*), The Pleasure of Elegant Sayings, Sarnath 1970, s. 73–75.

[12] Medytacja wyciszająca obejmuje wiele różnych stanów medytacyjnych, takich jak skupienia przynależące do sfery formy i sfery poza formą. Ze względu na charakteryzujące je czynniki rozróżnia się różne rodzaje skupień przynależących do sfery formy. Natomiast skupienia przynależące do sfery poza formą rozróżnia się ze względu na specyficzny dla nich przedmiot skupienia. W tym drugim wypadku, im subtelniejszy przedmiot medytacji, tym bardziej zaawansowany stan skupienia. Zwięzły wykład na temat różnic między czterema stanami sfery formy a czterema stanami sfery poza formą można znaleźć w: Lati Rinpoche i in., *Meditative States in Tibetan Buddhism*, s. 128–133.

różnych praktyk medytacyjnych integralnie związanych z tymi stanami. Głównymi cechami tego typu medytacji są jednoupunktowienie umysłu oraz wytwarzane przez nie wyciszenie. Medytacja analityczna wiąże się ze stanami medytacyjnymi, które najlepiej opisać, wskazując na sposób, w jaki odnosimy się do przedmiotu, gdy się w nich znajdujemy. Ponadto medytacja analityczna obejmuje praktyki nie dające się sprowadzić wyłącznie do jednoupunktowienia umysłu – związane z głębszą analizą. W obu wypadkach niezbędne jest posiadanie solidnej podstawy uważności i czujności – a te zdolności powstają dzięki solidnemu praktykowaniu etyki. Nawet na zwykłym poziomie codziennego życia nie sposób przecenić wagi uważności i czujności.

Podsumujmy. Angażując się w praktykę moralności, kładziemy podwaliny pod umysłowy i duchowy rozwój. Kiedy angażujemy się w praktykę koncentracji, nasz umysł staje się coraz sprawniejszy, coraz łatwiej przychodzi nam postrzegać najwyższy cel praktyki. Tym samym przygotowujemy umysł do dalszego treningu – do ćwiczenia się we wglądzie, czyli *mądrości*. Dzięki powstającej na drodze koncentracji zdolności jednoupunktowienia jesteśmy w stanie skupić całą uwagę i energię umysłu na wybranym przedmiocie. Stabilność umysłu umożliwia nam następnie osiągnięcie autentycznego wglądu w ostateczną naturę rzeczywistości. Wnikliwy wgląd w nieesencjonalność stanowi jedyne bezpośrednie antidotum na niewiedzę – tylko on jest w stanie wykorzenić naszą błędną wiedzę, czyli niewiedzę, wraz z powstającymi z niej błędnymi poznawczymi i chorymi emocjonalnymi stanami.

Trzydzieści siedem aspektów ścieżki do oświecenia

Ogólna struktura buddyjskiej ścieżki została przedstawiona w pierwszym obrocie kołem Dharmy w postaci trzydziestu siedmiu aspektów ścieżki do oświecenia. Aspekty te następnie podzielono na siedem kategorii. Pierwszą stanowią *cztery uważności*: ciała, uczuć, umysłu i zjawisk[13]. Uważność dotyczy w tym wypadku praktyk kontemplacyjnych, podczas których rozważa się: nie dającą zadowolenia naturę sansary, nietrwałość uwarunkowanego istnienia i nieustający cykl naszych nawykowych wzorców myślenia i zachowania. Dzięki tego rodzaju refleksji osoba praktykująca rozwija postanowienie wyzwolenia się z kręgu uwarunkowanego istnienia.

Następną kategorię stanowią *cztery całkowite zaniechania*. Ich nazwa bierze się z tego, że osoby praktykujące cztery uważności rozwijają szczere postanowienie wyzwolenia poprzez taki sposób życia, który pozwala na porzucenie przyczyn przyszłego cierpienia i pielęgnowanie przyczyn przyszłego szczęścia. Stąd też do czterech zaniechań należą: 1) zaniechanie już rozpoczętych niezdrowych myśli i działań, 2) nietworzenie jeszcze nierozpoczętych niezdrowych myśli i działań, 3) wzmacnianie już rozpoczętych zdrowych myśli i działań oraz 4) tworzenie jeszcze nierozpoczętych zdrowych myśli i działań.

---

[13] W *Abhidharmakośi* (rozdz. 6, strofa 15) Wasubandhu stwierdza, że medytacja polegająca na utrzymywaniu uważności ciała, uczuć, umysłu i zjawisk stanowi kontemplację czterech cech uwarunkowanego istnienia (wyjaśnionych w odniesieniu do Czterech Szlachetnych Prawd). Są to: nietrwałość, cierpienie (*duḥkha*), pustka i nieesencjonalność. W szczególności zaś każda poszczególna kontemplacja uważności wiąże się z eliminowaniem błędnych rodzajów pojmowania, które stoją w sprzeczności ze zrozumieniem każdej z tych czterech cech: kontemplacja nieczystej natury substancji cielesnych eliminuje błędne traktowanie ciała jako czystego i godnego pożądania; uważność skierowana na nie dającą zadowolenia naturę uczuć przeciwdziała przywiązaniu do przyjemnych uczuć; uważność skierowana na chwilową naturę umysłu przeciwstawia się uznawaniu trwałej jaźni; a uważna kontemplacja zjawisk przeciwdziała traktowaniu zjawisk jako posiadających wyraźną tożsamość. Maitreja jednak w swej *Madhjantawibhadze* (rozdz. 4, strofa 1) wiąże cztery rodzaje uważności z każdą z Czterech Szlachetnych Prawd. To właśnie ciało, uczucia, umysł i zjawiska zostały wybrane jako przedmioty głębokiej kontemplacji, ponieważ one głównie wspierają nasze lgnięcie do jaźni oraz złudnych stanów powstających z niewiedzy. Zwięzłe omówienie czterech rodzajów uważności oparte na wyżej wzmiankowanych dwóch indyjskich traktatach można znaleźć w drugiej części dzieła Congkhapy* – *Złoty różaniec krasomówstwa: Obszerna prezentacja Abhisamajalankary i jej komentarza* (*Legs bshad gser gyi phreng ba/Sherab kyi pha rol tu phyin pa'i man ngag gi bstan bcos mngon par rtog pa'i rgyan 'grel pa dang bcas pa'i rgya cher bshad pa*), Pisma zebrane, t. *tsha* (18), folia 19b–21a.

Chociaż możemy uniknąć negatywnych działań i szkodliwych emocji, które je pobudzają, oraz wzmocnić pozytywne aspekty umysłu – zwane w pismach klasą czystych zjawisk – to tylko wtedy, gdy umysł jest bardzo skoncentrowany, występują *cztery składniki cudownych mocy*. Wiążą się one z praktyką doskonalenia jednoupunktowienia. Znane są też jako cztery „nogi", gdyż są wstępnymi czynnikami umożliwiającymi praktykującemu osiągnięcie jednoupunktowienia umysłu – podstawy dla uzyskania nadnaturalnych mocy. Są to cudowne moce: dążenia, wysiłku, intencji i analizy.

Czwarta kategoria składa się z *pięciu zdolności*, a piąta – z *pięciu mocy*. W obu kategoriach lista jest identyczna: 1) zaufanie, 2) radosny wysiłek, 3) uważność, 4) jednoupunktowienie i 5) mądrość. W niniejszym kontekście różnica między zdolnością a mocą zależy od biegłości, z jaką medytujący opanował daną praktykę. Gdy poziom zaawansowania jest dostatecznie wysoki, zdolność staje się mocą.

Kolejną kategorią jest *siedem stopni ścieżki do oświecenia*: 1) doskonała uważność, 2) doskonała analiza, 3) doskonały wysiłek, 4) doskonałe zadowolenie, 5) doskonała giętkość, 6) doskonała stabilność medytacji i 7) doskonały spokój.

Siódmą i ostatnią kategorię stanowi *ośmiostopniowa szlachetna ścieżka*: 1) właściwy pogląd, 2) właściwa intencja, 3) właściwa mowa, 4) właściwe działanie, 5) właściwy sposób życia, 6) właściwy wysiłek, 7) właściwa uważność oraz 8) właściwa stabilność medytacji.

Taka jest ogólna struktura buddyjskiej praktyki – tak została ona wyłożona przez Buddę w pierwszym obrocie kołem Dharmy. W buddyzmie praktykowanym w tradycji tybetańskiej znajdujemy wszystkie te elementy buddyjskiej doktryny.

3

Drugi obrót kołem Dharmy – doktryna pustki

W ramach drugiego obrotu kołem Dharmy, zapoczątkowanego na Górze Sępów[14], Budda nauczał sutr mądrości – tworzą one zbiór pism znany jako *Doskonałość mądrości* (*Prajñāpāramitā*). Sutry te skupiają się przede wszystkim na zagadnieniach pustki i transcendentnych stanów związanych z jej doświadczeniem[15]. Drugi obrót kołem Dharmy stanowi rozwinięcie kwestii, których Budda nauczał w pierwszym obrocie.

W pierwszym obrocie Budda wskazywał na znaczenie rozpoznania podstawowej, nieprzynoszącej zadowolenia natury naszego istnienia oraz nauczał o cierpieniu i bólu, które w sposób integralny przynależą do uwarunkowanego istnienia. Natomiast w drugim obrocie akcenty są rozłożone odmiennie. Zachęca się tu praktykującego do rozszerzenia zakresu kontemplacji nad naturą cierpienia, tak

---

[14] Górę Sępów utożsamia się zwykle ze wzgórzem znajdującym się w Radżghirze w obecnym indyjskim stanie Bihar.

[15] Większość sutr *Doskonałości mądrości* przełożył na angielski Edward Conze. Zob. E. Conze (tłum.), *Buddhist Texts Through the Ages*, Cassirer, Oxford 1954; *The Large Sutra on Perfect Wisdom with the divisions of the Abhisamayālaṅkāra*, University of California Press, Berkeley and Los Angeles 1975; *Perfect Wisdom: The Short Prajñāpāramitā Texts*, Buddhist Publishing Group, Devon 1993; *The Perfection of Wisdom in 8,000 Lines and its Verse Summary*, Four Seasons, Bolinas 1973.

aby objąć nią wszystkie bez wyjątku czujące istoty. Dlatego drugi obrót poszerza zarówno zakres czujących istot, dla pożytku których powinien pracować praktykujący, jak i filozoficzną wizję przekazywanych nauk.

Również w sposobie definiowania źródeł cierpienia nauki należące do drugiego obrotu są znacznie bardziej rozległe. Oprócz niewiedzy i przywiązania, sutry mądrości rozróżniają niezwykle szczegółowo rozmaite subtelne formy złudzeń. Złudzenia te ograniczają naszą zdolność właściwego postrzegania rzeczywistości – postrzegania nieskażonego nawykową skłonnością do chwytania wewnętrznego bytu wszelkich zjawisk. Stąd też źródeł cierpienia upatruje się tu nie tylko w niewiedzy i przywiązaniu, ale i w subtelnych przejawach owych złudzeń.

W drugim obrocie większą głębię i złożoność zyskuje też przedstawienie trzeciej Szlachetnej Prawdy, prawdy o ustaniu cierpienia. Inaczej niż ma to miejsce w sutrach pierwszego obrotu, w naukach drugiego obrotu bardziej szczegółowo rozpatruje się naturę ustania, jego szczególne cechy itd.

Większą głębię i dbałość o szczegóły widać także w odniesieniu do sposobu przedstawienia czwartej Szlachetnej Prawdy – prawdy o ścieżce. W sutrach mądrości Budda naucza jedynej w swoim rodzaju ścieżki polegającej na rozwijaniu głębokiego wglądu w pustkę, czyli w nieesencjonalność, która stanowi prawdziwy sposób istnienia zjawisk. Wgląd ten jest doskonalony poprzez rozwijanie uniwersalnego współczucia oraz bodhiczitty, czyli autentycznego, altruistycznego pragnienia osiągnięcia pełnego oświecenia dla dobra wszystkich istot. Obydwa te nastawienia charakteryzują praktykę mahajany, czyli pojazdu uniwersalnego. Połączenie wglądu w pustkę z urzeczywistnieniem bodhiczitty tworzy doskonałe zjednoczenie mądrości i zręcznych środków*. W tym kontekście składnik mądrości wiąże się przede wszystkim z doświadczeniem pustki, natomiast składnik metody, czyli zręczne środki, wiąże się głównie z altruistyczną motywacją, która wiedzie mądrość do spełnienia ideału współczucia. W drugim obrocie kołem Dharmy naucza się właśnie owej ścieżki zjednoczenia.

Dlaczego sposób przedstawiania Czterech Szlachetnych Prawd w drugim obrocie kołem Dharmy jest głębszy niż w obrocie pierwszym? W sutrach mądrości naucza się co prawda o pewnych cechach Czterech Prawd, o których nie wspomina się w pierwszym obrocie, lecz nie to decyduje o ich głębi. Rzecz przedstawia się następująco: sutry mądrości nie tylko omawiają pewne aspekty Czterech Prawd, które nie zostały wyjaśnione w pierwszym obrocie, ale także doprecyzowują i znacznie rozwijają pewne wątki związane z zasadą przyczynowości leżącą u podstaw Czterech Prawd, pogłębiając tym samym przekaz. Ponadto dalszy rozwój doktryny Czterech Prawd odbywa się w ramach ogólnej struktury ścieżki opisanej w pierwszym obrocie. Dlatego twierdzę, że objaśnienia, jakie znajdujemy w sutrach mądrości odnośnie do Czterech Prawd, są głębsze i rozleglejsze. Ponieważ w drugim obrocie kołem o wiele szerzej omawia się zagadnienie pustki – braku wewnętrznej realności czy też wewnętrznej tożsamości wszelkich zjawisk – zwie się go obrotem kołem Dharmy odnoszącym się do braku wewnętrznych cech.

Co więcej, w tekstach związanych z drugim obrotem, a składających się na sutry mądrości, znajdujemy także twierdzenia, które wydają się pozostawać w sprzeczności ze wskazaniami ścieżki pierwszego obrotu. Z tego powodu w mahajanie dzieli się pisma na dwie kategorie: *wymagające interpretacji* (są to pisma, których znaczenie w najlepszym razie można traktować jako tymczasowe i dlatego wymagają one dalszej interpretacji wykraczającej poza ich dosłowne odczytanie) oraz *ostateczne* (takie, które odczytywać można dosłownie). Przy tego rodzaju hermeneutycznym podejściu istotną rolę pełnią przyjmowane przez mahajanę *cztery zasady zaufania*: 1) zaufanie do nauki, a nie do nauczyciela, 2) zaufanie do znaczenia, a nie do słów, które je wyrażają, 3) zaufanie do znaczenia ostatecznego, a nie tymczasowego, i 4) zaufanie do transcendentalnej mądrości głębokiego doświadczenia, a nie do zwykłego poznania[16].

Pierwsza zasada zaufania mówi, że słuchając nauk bądź studiując teksty, nie należy oceniać prawdziwości tego, o czym jest mowa, na podstawie sławy nauczyciela, jego majątku, stanowiska czy władzy, lecz raczej zgodnie z wartością samej nauki. Zasada druga stwierdza, że oceniając dzieło, nie należy kierować się oceną stylu literackiego, lecz raczej rzeczowością potraktowania zagadnienia. Zasada trzecia zaleca, aby rozważając prawdziwość twierdzenia, nie ulegać jego tymczasowemu znaczeniu, lecz opierać się na znaczeniu ostatecznym. I wreszcie zasada czwarta wskazuje, że nawet jeśli żywi się zaufanie do ostatecznego znaczenia nauk, należy wesprzeć się mocą mądrości i zrozumienia płynącego z doświadczenia, a nie zwykłą intelektualną znajomością zagadnienia. Przejawy takiego podejścia możemy znaleźć już w słowach samego Buddy:

> O bhikszu i mędrcy,
> Tak jak złotnik bada złoto,
> Podgrzewając je, tnąc i trąc,
> Tak wy powinniście przyjąć moje słowa po przebadaniu ich.
> Nie czyńcie tego wyłącznie z szacunku dla mnie[17].

---

[16] Obszerniejsze omówienie zagadnienia czterech rodzajów zaufania, przetłumaczone przez Roberta Thurmana, można znaleźć w: *The Central Philosophy of Tibet. A Study and Translation of Jey Tsong Khapa's Essence of True Eloquence*, Princeton University Press, Princeton 1984, s. 113–130; zob. też J. Hopkins, *Meditation on Emptiness*, Wisdom Publications, Boston 1983, s. 425.

[17] Jest to jedna z najczęściej cytowanych strof przypisywanych Buddzie. O ile wiem, w tybetańskim tłumaczeniu słów Buddy, czyli w *Kangiurze* (*bKa' 'gyur*), nie ma sutry, z której pochodzi ta strofa. Tybetańscy komentatorzy przywołują ją za *Wimalaprabhą*, słynnym komentarzem do *Kalaczakratantry* autorstwa Kuliki Pundariki. Thurman twierdzi, że strofa ta znajduje się w kanonie palijskim oraz że wersja sanskrycka pojawia się w *Tattwasangrasze* wydanej pod redakcją D. Shastriego (*Tattvasaṁgraha*, Bauddha Bharati, Varanasi 1968). Zob. R. Thurman (tłum.), *The Central Philosophy of Tibet*, s. 190, przyp. 12.

W drugim obrocie kołem Dharmy, tak jak został on objaśniony w sutrach traktujących o doskonałości mądrości, Budda znacznie głębiej, przy okazji omawiania doktryny pustki, bada zagadnienie ustania. Owo hermeneutyczne podejście towarzyszy nam także podczas poszukiwania ukrytych znaczeń rozmaitych sutr. Zauważamy na przykład, że chociaż pierwszoplanowym zagadnieniem sutr mądrości jest pustka, możliwe jest także głębsze odczytanie owych tekstów. Zgodnie z nim treścią sutr mądrości okazuje się rozróżnianie poziomów transcendentalnego doświadczenia związanego z uświadamianiem sobie pustki, czyli kolejne etapy rozwoju na ścieżce do oświecenia. Ten poziom znaczenia określa się jako ukryte bądź niejawne znaczenie sutr mądrości.

4

Trzeci obrót kołem Dharmy – natura buddy

Trzeci obrót kołem Dharmy obejmuje wiele różnych sutr, z których najważniejszą jest *Sutra o istocie tathagaty* (*Tathāgatagarbhasūtra*), opisująca wrodzony nam potencjał oświecenia: naszą istotę, czyli naturę buddy. Sutra ta jest źródłowym tekstem dla zbioru hymnów Nagardżuny*,[18], a także dla traktatu Maitrei* – *Najwyższe kontinuum wielkiego pojazdu* (*Mahāyāna-uttaratantraśāstra*)[19]. W sutrze tej Budda bada dalej główne kwestie, którymi zajmował się w drugim obrocie, a mianowicie doktrynę pustki oraz doświadczenia transcendentalne związane z jej urzeczywistnieniem w ramach indywidualnej ścieżki do oświecenia. Ponieważ jednak natura pustki – brak wewnętrznego bytu wszelkich zjawisk – została wcześniej w pełni wyjaśniona w sutrach mądrości, i to na najsubtelniejszym i najgłębszym poziomie, w trzecim obrocie nie wykłada się już subtelniejszej

---

[18] Zbiór hymnów tworzą: 1) *Nirupamastava*, 2) *Dharmadhātustotra*, 3) *Acintyastava*, 4) *Cittavajrastava*, 5) *Lokātitastava*, 6) *Kāyatrayastotra* i 7) *Stutyatitastava*.

[19] Istnieją trzy tłumaczenia na angielski tego ważnego dzieła: E. Obermillera, *Sublime Science of the Great Vehicle to Salvation*, „Acta Orientalia", nr 9 (1931); J. Takasakiego, A *Study on the Ratnagotravibhāga*, I.S.M.E.O., Rome 1966, oraz Kena i Katii Holmes'ów, *The Changeless Nature* (przekład z tybetańskiego), Karma Drubgyud Darjay Ling, Dumfriesshire 1985.

doktryny pustki. Tym, co wyróżnia trzeci obrót, jest przedstawienie szczególnych technik medytacji służących rozwojowi mądrości rozpoznającej pustkę oraz omówienie z subiektywnej perspektywy różnych subtelnych składników osobistego doświadczenia owej mądrości.

Istnieje także inna kategoria sutr należących do trzeciego obrotu kołem Dharmy. Głównym pismem tej kategorii jest *Sutra wyjaśniająca myśl Buddy* (*Saṁdhinirmocanasūtra*). Budda usuwa w niej pozorną sprzeczność, jaka zachodzi między pewnymi twierdzeniami pierwszego obrotu przypisującymi zjawiskom wewnętrzną tożsamość a jawnym zaprzeczeniem wewnętrznej tożsamości zawartym w drugim obrocie. Budda czyni to na drodze wyjaśnienia doktryny pustki, czyli braku tożsamości, i pokazania, jak należy ją stosować do różnych kategorii zjawisk. Według tego poglądu istnienie należy pojmować w kontekście trzech klas zjawisk: 1) zjawisk z nadania, 2) zjawisk zależnych i 3) zjawisk całkowicie ustalonych, czyli ostatecznych.

Zjawiska z nadania to te, które istnieją jedynie jako pojęcia nadane w oparciu o inne przedmioty, odznaczające się bardziej autonomicznym istnieniem. Do tej kategorii należą przedmioty abstrakcyjne, takie jak uniwersalia, relacje, zjawiska negatywne (na przykład brak czegoś) itp. *Zjawiska zależne* to wszelkie rzeczy i zdarzenia, które powstają jako skutek przyczyn i warunków. Trzecia kategoria, *zjawiska całkowicie ustalone*, odnosi się do ostatecznego sposobu istnienia wszelkich zjawisk – do pustki.

Z innej perspektywy powyższe trzy kategorie można postrzegać jako różne, ale uniwersalne rodzaje natury wszelkich zjawisk. Przy takim podejściu mamy zatem odpowiednio: 1) naturę z nadania, 2) naturę zależną oraz 3) naturę całkowicie ustaloną. Stosownie do tej klasyfikacji, pojęciu „brak tożsamości" nadaje się różne znaczenia. Na przykład zjawiska istniejące z nadania nie mają wewnętrznej tożsamości, zjawiska zależne nie mają tożsamości wywiedzionej z nich samych, a zjawiska całkowicie ustalone nie mają ostatecznej tożsamości[20]. Z tego powodu trzeci obrót jest zwany obrotem kołem Dharmy jasno wyjaśniającym różnice.

W zaprezentowanym w trzecim obrocie sposobie rozumienia doktryny braku tożsamości, mimo że nie zgadza się on z duchem sutr mądrości wyłożonych w drugim obrocie, można dopatrywać się zastosowania przez Buddę nadzwyczajnych zręcznych środków. W drugim obrocie zasada braku tożsamości została przedstawiona jako uniwersalna doktryna jasno wyrażona w kategoriach pustki, pojmowanej jako brak wewnętrznej tożsamości wszelkich zjawisk. Jednakże doktryna pustki wydać się może wielu praktykującym zbyt skrajna i niezrozumiała. Stwierdzenie, że zjawiska nie mają wewnętrznego bytu, może się wydawać równoznaczne ze stwierdzeniem, że zjawisk w ogóle nie ma. W ich rozumieniu brak wewnętrznego bytu równałby się nieistnieniu. Widzimy więc, że Budda nauczał sutr trzeciego obrotu, takich jak *Sutra wyjaśniająca myśl Buddy*, specjalnie po to, aby odpowiednio przystosować umysłowe zdolności i dyspozycje niektórych praktykujących do przyjęcia ostatecznych nauk o pustce. Na bazie tych dwóch odmiennych systemów interpretacji doktryny pustki przedstawionej w sutrach mądrości wyłoniły się w Indiach dwie główne szkoły buddyzmu mahajany – szkoła środkowej drogi, czyli madhjamaka*, i szkoła „tylko umysłu", czyli czittamatra*.

W tradycji buddyzmu tybetańskiego istnieje także zaawansowany system teorii i praktyki znany jako tantra. Sądzę, że pozostaje on w pewnym związku z trzecim obrotem. Słowo „tantra" dosłownie znaczy „kontinuum" bądź „ciągłość". Tekst tantry jogi (jogatantry)

---

[20] Dobre omówienie trzech natur dokonane na podstawie *Sutry wyjaśniającej myśl Buddy* można znaleźć w dziele Congkhapy: *Istota prawdziwego krasomówstwa: Traktat na temat znaczenia wymagającego interpretacji i ostatecznego* (*Drang ba dang nges pa'i don rnam par phye ba'i bstan bcos legs bshad snying po*), Pisma zebrane, t. *pha* (13). Tłumaczenie na angielski odnośnych części tego dzieła znajduje się w: R. Thurman (tłum.), *The Central Philosophy of Tibet*, zwłaszcza s. 191–203.

Tantra zwana szczytem wadżry (*Vajraśekharamahāguhyayogatantra*) wyjaśnia, że tantra jest ciągłością, a zwłaszcza ciągłością umysłu czy też świadomości:

> „Tantra" to „ciągłość":
> Sansarę uważa się za tantrę.
> „Dalszy" znaczy „poza":
> Nirwana jest dalszą tantrą[21].

W pierwszym rzędzie kontinuum naszego umysłu stanowi podstawę naszej osobowej tożsamości. To opierając się na tym kontinuum, popełniamy – na poziomie życia codziennego – czyny naznaczone skazą, które wciąż pchają nas w błędne koło śmierci i ponownych narodzin. Jednocześnie, gdy podążamy duchową ścieżką, na bazie tej ciągłości świadomości możemy doskonalić umysł i doświadczać wyższych poziomów jego urzeczywistnienia. Na bazie tej samej ciągłości świadomości – utożsamianej często z naszą naturą buddy – jesteśmy w stanie osiągnąć absolutny stan wszechwiedzy. Innymi słowy, sansara, czyli uwarunkowane istnienie w nieprzerwanym kołowrocie nawykowych skłonności, oraz nirwana, czyli wolność od takiego istnienia, są jedynie manifestacjami tego podstawowego kontinuum. Takie jest znaczenie tantry, czyli ciągłości.

Uważam, że istnieje ścisły związek między naukami tantry a trzecim obrotem kołem Dharmy. Jak widzimy, tantra stanowi system myśli i praktyki służący ujawnieniu potencjału uśpionego w kontinuum naszej podstawowej świadomości. Jest to zarazem cel ostateczny nauk trzeciego obrotu.

W rzeczywistości, jeśli dokładnie przyjrzymy się naukom drugiego i trzeciego obrotu, dostrzeżemy istotne cechy zapowiadające ścieżkę

[21] Zamieszczone tutaj tłumaczenie opiera się na nieznacznie zmodyfikowanym tłumaczeniu Herberta Guenthera, dokonanym z wersji tybetańskiej, które można znaleźć w: *Life and Teachings of Naropa*, Oxford University Press, Oxford 1963, s. 120.

tantry. Razem obroty te stanowią pomost pomiędzy naukami sutr a naukami tantr. Na przykład hermeneutyczna zasada uzgadniania dwóch różnych sposobów odczytywania sutr mądrości, to jest bezpośredniego odczytania doktryny pustki oraz odczytania nie wprost, ukazującego etapy na ścieżce doświadczania pustki, toruje drogę do uznania rozmaitych interpretacji jednego tekstu – idei kluczowej dla zrozumienia pism tantrycznych. Podobnie, rozpatrując zagadnienie różnych poziomów subtelności doświadczenia pustki z subiektywnej perspektywy umysłu, trzeci obrót otwiera w ramach tantry możliwość omawiania wielu poziomów subtelności świadomości oraz ich znaczenia dla realizacji rozmaitych transcendentalnych stanów[22].

[22] Zob. część III, a zwłaszcza rozdział dotyczący tantry najwyższej jogi.

5

Sposoby wyjaśniania nieesencjonalności

Z filozoficznego punktu widzenia tym, co wyróżnia szkołę buddyjską, jest akceptacja czterech podstawowych tez znanych jako *cztery pieczęcie*. Tezy te są następujące:

> Wszystkie złożone zjawiska są nietrwałe.
> Żadne naznaczone skazą rzeczy i zdarzenia nie dają zadowolenia.
> Wszelkie zjawiska są puste i pozbawione esencji.
> Nirwana jest prawdziwym spokojem.

Każdy system, który uznaje owe cztery pieczęcie, jest pod względem filozoficznym szkołą buddyjską. Niemniej zasada nieesencjonalności – pustki czy też braku samobytu – najgłębiej została wyjaśniona w szkołach mahajany: w czittamatrze i madhjamace.

Istnieją dwa główne sposoby podejścia do doktryny nieesencjonalności – hinajana i mahajana. Szkoły hinajany, czyli pojazdu indywidualnego – waibhaszika i sautrantika* – opowiadają się za doktryną nieesencjonalności osoby w formie, w jakiej nauka ta była głoszona w pierwszym obrocie kołem Dharmy, gdy tymczasem szkoły mahajany przyjmują szerszą perspektywę widzenia nieesencjonalności, wskazaną w sutrach mądrości nauczanych w drugim obrocie. Aby ocenić subtelność różnicy między tymi dwoma poglądami na nieesencjonalność, przyjrzyjmy się naszym własnym doświadczeniom – w jaki sposób odnosimy się do innych oraz do świata. Na przykład gdy biorę ten oto różaniec i liczę jego paciorki lub bawię się nim, to w sposób naturalny czuję, że on jest mój. Mamy tu do czynienia z pewnym poziomem chwytania czy też przywiązania, które zasadza się na myśleniu „to jest moje". Gdy przyjrzymy się przywiązaniu, jakie odczuwamy do posiadanych przez siebie rzeczy, zauważymy, że istnieją jego różne poziomy. Doznanie choćby jednego stanu emocjonalnego, takiego jak przywiązanie, zależy od skomplikowanej sieci oddziaływań zachodzących między różnymi emocjonalnymi i poznawczymi doznaniami. Na pewnym poziomie czujemy, jakbyśmy mieli do czynienia z istniejącą substancjalnie, samowystarczalną osobą. Osoba taka wydaje się całkowicie niezależnym, różnym od naszego ciała i umysłu bytem, a różaniec jest postrzegany, jak gdyby należał do owej jednostkowej, trwałej, niezależnej jaźni. Jednak dzięki medytacji, podczas której zaczynamy dostrzegać brak takiej samowystarczalnej, substancjalnej osoby, stopniowo uwalniamy się także od silnego lgnięcia do wszystkiego, co jest z nią związane – także przyjaciół i posiadanych rzeczy. Za pomocą medytacji przezwyciężamy silne i dokuczliwe przywiązanie, przestając kurczowo chwytać się własnej trwałej tożsamości, czyli wyobrażenia siebie jako podmiotu. Ma to istotny wpływ na nasze usiłowania osiągnięcia wyzwolenia. Ponieważ jednak takie podejście w dalszym ciągu nie podważa naszego przekonania, że zewnętrzne przedmioty mają obiektywną, wewnętrzną tożsamość, nienaruszone pozostają także subtelne poziomy przywiązania, które są ugruntowane w takim właśnie pojmowaniu rzeczywistości. Kiedy na przykład widzimy kwiat, skłonni jesteśmy nawykowo przypisywać mu cechy piękna i dobra, które miałyby istnieć same w sobie i z siebie i tym samym mieć status bytów obiektywnych. Dlatego w drugim obrocie kołem Budda rozszerza zasięg stosowania zasady nieesencjonalności tak, aby objąć nią całą rzeczywistość, wszystkie rzeczy i zdarzenia. Tylko w pełni uświadomiwszy sobie uniwersalny charakter pustki, możemy przezwyciężyć stany omroczenia umysłu.

Możemy to sobie uzmysłowić, rozważając następujące twierdzenie Czandrakirtiego* pochodzące z jego *Wprowadzenia do środkowej drogi* (*Madhyamakāvatāra*):

> Medytujący, który zrozumiał brak esencji [wyłącznie jako nieistnienie wiecznej jaźni], nie pojmie rzeczywistości formy i pozostałych [zespołów*] zgodnie z prawdą o najwyższym znaczeniu]. Wskutek tego w dalszym ciągu wytwarzane będzie lgnięcie i pozostałe [uciążliwości], ponieważ powstają one w wyniku [błędnego] pojmowania formy. Osoba taka nie pojmie natury (to jest pustki) formy [i pozostałych zespołów][23].

We fragmencie tym Czandrakirti mówi, że doktryna nieesencjonalności, wykładana w niższych, czyli hinajanistycznych, szkołach buddyjskich, jest niepełna, gdyż według owych szkół zasada ta ogranicza się jedynie do osoby, a tym samym ma znaczenie tylko w debacie o tożsamości osobowej. Ponadto nieesencjonalność jest w tym wypadku pojmowana wyłącznie w kategoriach nieistnienia substancjalnej osoby obdarzonej odrębną, niezależną tożsamością. Jak już wspomniałem wcześniej, nawet gdy praktykujący uzyskuje wgląd w ten poziom nieesencjonalności, w dalszym ciągu nie jest on zdolny do przezwyciężenia subtelnego lgnięcia do przedmiotów zewnętrznych, w tym do własnej tożsamości.

Wprawdzie wszystkie szkoły buddyjskie uznają zasadę nieesencjonalności, jednak w sposobie jej rozumienia znacznie różnią się między sobą. W porównaniu ze szkołami niższymi sposób przedstawiania

---

[23] *Madhjamakawatara*, rozdz. 6, strofa 131. Zob. tłumaczenie na język angielski w: C.W. Huntington, Jr., Geshe Wangchen, *The Emptiness of Emptiness*, University of Hawaii Press, Hawaii 1989, s. 173.

nieesencjonalności w szkołach wyższych, czyli mahajanistycznych, jest głębszy. Zrozumienie nieesencjonalności zgodnie z wykładnią niższych szkół nie stanowi pełnego zrozumienia tej zasady. Nawet jeśli uświadomilibyśmy sobie, że osoba nie ma niezależnego, substancjalnego bytu, to ciągle jeszcze pozostaje miejsce na lgnięcie do własnej jaźni jako czegoś, co ma wewnętrzną tożsamość, czyli istnieje w sobie. Z drugiej strony, jeśli ma się świadomość braku wewnętrznej tożsamości osoby – tego, że osoba w ogóle nie ma swoistej natury bądź wewnętrznego bytu w jakiejkolwiek postaci – wykluczona zostaje możliwość pojmowania osoby jako niezależnego bytu.

Jeżeli negacja tożsamości – w kontekście pustki – jest znacznie bardziej radykalna w wydaniu wyższych szkół, to stwierdzenie nieesencjonalności zgodne z takim poglądem musi być naturalnie dobitniejsze – aby przeciwstawić się złudzeniom oraz tkwiącemu u ich podstaw błędnemu rozumieniu zjawisk jako wewnętrznie istniejących. Należy jednak podkreślić, że doktryna pustki w żaden sposób nie obala konwencjonalnego istnienia zjawisk. Realność konwencjonalnego świata, w ramach którego wszystkie funkcje rzeczywistości – takie jak przyczynowość, związek, negacja itd. – prawomocnie działają, pozostaje nienaruszona. Zniszczona zostaje tylko zreifikowana fikcja powstała wskutek naszej nawykowej skłonności do pojmowania zjawisk jako samoistnych.

Wszystkie te rozbieżne poglądy poszczególnych szkół na naturę nieesencjonalności należy traktować jako elementy spójnego systemu: jeden pogląd stopniowo prowadzi do kolejnego, tak jak jeden stopień schodów prowadzi naturalnie do następnego. Taki sposób rozumienia jest możliwy wówczas, gdy różne poglądy na nieesencjonalność zbadamy w kontekście fundamentalnej buddyjskiej zasady zależnego powstawania. Zależne powstawanie odnosi się wówczas do zasady współzależności, która rządzi związkiem, jaki zachodzi między przyczynami i ich skutkami, zwłaszcza tymi, które wpływają na nasze doświadczanie cierpienia i szczęścia. W klasycznej literaturze zasada ta wyjaśniana jest w kategoriach *dwunastu ogniw zależnego powstawania*[24]. Owych dwanaście ogniw porządkuje czynniki, które składają się na jeden przypadek narodzin w karmicznie uwarunkowanej sferze istnienia, w sansarze. Zasada zależnego powstawania jest fundamentalna dla buddyjskiego światopoglądu i żadna interpretacja doktryny nieesencjonalności, która nie ujmuje pustki w kategoriach zależnego powstawania, nie może być pełna. Im subtelniejsza staje się negacja (prawdziwego istnienia), tym silniejsze powinno być nasze przeświadczenie o efektywności względnego świata[25]. Uświadomienie sobie pustki potwierdza nasze przeświadczenie o współzależnej naturze rzeczy, co dalej wzmacnia nasze doświadczanie pustki wszelkich zjawisk.

Ponieważ ludzie mają różne umysłowe dyspozycje, zainteresowania, poziom inteligencji itd., to pogląd głoszący pustkę w rozumieniu wyżej określonym – pustkę pod względem wewnętrznego bytu – może nie odpowiadać umysłowości wszystkich praktykujących. Możliwe, że dla niektórych teza o braku wewnętrznego bytu będzie dosłownie oznaczała nieistnienie. Gdyby tak się zdarzyło, zachodzi niebezpieczeństwo popadnięcia w skrajność nihilizmu. Dostrzegając to niebezpieczeństwo, Budda nauczał także mniej subtelnych poglądów na nieesencjonalność, które również mogą doprowadzić

[24] Dwunastoma ogniwami [łańcucha] zależnego powstawania są: 1) niewiedza, 2) formacje karmiczne, 3) świadomość, 4) nazwa i kształt, 5) podstawy poznania, 6) kontakt, 7) uczucia, 8) pragnienie, 9) przywiązanie, 10) bytowanie, 11) narodziny, 12) starość i śmierć. Obszerne omówienie dwunastu ogniw można znaleźć w: Dalai Lama XIV Tenzin Gyatso, *The Meaning of Life from a Buddhist Perspective*, J. Hopkins (tłum. i red.), Wisdom Publications, Boston 1992, zwłaszcza rozdz. 1 i 2; Pabongka Rinpoche, *Liberation in the Palm of Your Hand*, Trijang Rinpoche (red.), M. Richards (tłum.), Wisdom Publications, Boston 1992, s. 506–534.

[25] Według filozofii madhjamaki wyrażenie „efektywność względnego świata" odnosi się do faktu pełnienia przez przedmioty tworzące świat codziennego doświadczenia swoich funkcji, mimo iż są puste, czyli pozbawione wewnętrznego bytu. Co więcej, to właśnie dzięki temu, że przedmioty są puste, mogą pełnić funkcje, czyli mogą efektywnie działać. Gdyby nie były puste, to świat byłby niezmienny, martwy (przyp. tłum.).

praktykującego do ostatecznego zrozumienia najsubtelniejszej doktryny pustki. Jeśli poddamy analizie poglądy wyższych szkół z punktu widzenia szkół niższych, nie znajdziemy tam żadnej sprzeczności czy logicznej niespójności. Jeśli natomiast zbadamy dogmaty niższych szkół z pozycji szkół wyższych, to w stanowisku niższych szkół dostrzeżemy niespójności i założenia niemożliwe do obrony.

6

Cztery pieczęcie buddyzmu

Cztery pieczęcie, aksjomaty wspólne wszystkim buddyjskim szkołom, mają głębokie znaczenie dla praktykującego. Jak wcześniej wyjaśniłem, nauki pierwszej pieczęci dowodzą, że wszystkie złożone zjawiska są nietrwałe. Najdokładniej natura nietrwałości została przebadana w szkole sautrantiki. Według poglądu tej szkoły wszystkie złożone zjawiska są nietrwałe, gdyż są chwilowe: te same warunki, które przyczyniają się do ich powstania, wywołują także ich rozpad. Nic, co powstaje w wyniku działania innych czynników – czy to rzecz, czy zdarzenie – nie wymaga dodatkowych warunków, aby się rozpaść. Rozpad rzeczy zaczyna się już w momencie ich powstania. Innymi słowy, mechanizm zaniku jest wbudowany w sam system. To tak, jak gdyby rzeczy i zdarzenia nosiły w sobie zarodek własnej śmierci. Prostym tego powodem jest fakt, że wszystko, co zostało wytworzone przez przyczyny, jest powodowane przez coś innego: powstaje tylko w zależności od innych czynników. Buddyjskie widzenie zjawisk jako obdarzonych dynamiczną i chwilową naturą – co stanowi konsekwencję zasady powszechnej nietrwałości – jest bliski poglądowi głoszonemu przez współczesną fizykę, zgodnie z którym dynamiczny wszechświat podlega ustawicznie przemianie.

Druga pieczęć dotyczy nauk, według których wszelkie naznaczone skazą zjawiska z natury nie dają zadowolenia. W tym kontekście *zjawiska naznaczone skazą* to wszystkie rzeczy, zdarzenia, doznania itd. będące wytworami naznaczonych skazą czynów i leżących u ich podstaw wywołujących je złudzeń. Jak już wyjaśniłem, każda rzecz wytworzona jest powodowana przez coś innego – w tym sensie, że jest kontrolowana przez czynniki różne od niej, na przykład przez związane z nią przyczyny i warunki. Do przyczyn można tu zaliczyć zwłaszcza naszą fundamentalną niewiedzę, uciążliwe emocje* i zdarzenia poznawcze oraz naznaczone skazą czyny. Przy czym niewiedzy nie należy postrzegać jako pasywnego stanu zwykłej nieświadomości – jest to raczej zwodniczy stan umysłu, pierwotne błędne pojmowanie natury rzeczywistości. Stwierdza to wyraźnie wielu indyjskich mistrzów, takich jak Wasubandhu* i Dharmakirti*. Wasubandhu mówi nam w swojej *Skarbnicy wiedzy* (*Abhidharmakośa*), że niewiedza nie jest po prostu brakiem wiedzy, lecz raczej jej antytezą – to wiedza błędna, siła czynnie przeciwstawiająca się poznaniu, tak jak wrogość przeciwstawia się przyjaźni, a fałsz prawdzie[26].

Dopóki istoty będą się znajdować pod wpływem niewiedzy, dopóty cierpienie i brak zadowolenia będą stanowić integralne składniki ich sposobu istnienia. Nie należy sądzić, że cierpienie (*duḥkha*), odnosi się tylko do cierpienia fizycznego czy umysłowego. Niezwykle ważne jest, abyśmy pamiętali, że leżące u ich podstaw doznania niewygody i niezadowolenia to także *duḥkha*.

Kontemplując te dwa znaki uwarunkowanego istnienia – nietrwałość i cierpienie – rozwijamy autentyczne zaniechanie, głęboko odczuwane spontaniczne pragnienie uwolnienia się z niewoli cierpienia. Rodzi się zatem pytanie: „Czy jest możliwe osiągnięcie takiego stanu wolności?". I wtedy właśnie oczywiste staje się znaczenie trzeciej pieczęci. Trzecia zasada naucza bowiem, że wszelkie zjawiska

[26] Rozdz. 3, strofa 28b.

są puste pod względem samobytu. Ścieżka wiodąca od nietrwałości i braku zadowolenia do nieesencjonalności jest wyraźna. Dowiedzieliśmy się z zasady zależnego powstawania, że rzeczy i zdarzenia nie powstają bez przyczyn. Zauważyliśmy także, że cierpienie i brak zadowolenia są skutkiem naszych własnych złudzeń oraz wzbudzonych przez nie naznaczonych skazą czynów. Podstawą wszelkich złudzeń jest fundamentalna niewiedza błędnie pojmująca naturę rzeczywistości. Niewiedza ta jest stanem błędnego rozumienia. Ponieważ błędnie pojmuje naturę rzeczywistości, nie jest ugruntowana ani w naszym doświadczeniu, ani w rzeczywistości. Pojmuje ona rzeczywistość w sposób przeciwny do faktycznego sposobu istnienia rzeczy. Dlatego jest to błędny i zniekształcający postrzeganie stan umysłu. Dzięki świadomości tego otwiera się przed nami realna możliwość wykorzenienia niewiedzy. Możemy tego dokonać dzięki pogłębianiu wglądu, który przeniknie iluzję wytworzoną przez to błędne rozumienie. Prawdziwe ustanie jest wolne od zniekształconego postrzegania świata. Jest to rzeczywistość, którą możemy odkryć we własnym umyśle. Nie jest to nieosiągalny ideał. Naturą ustania cyklu sansary jest autentyczny spokój. Dlatego czwarta pieczęć – „nirwana jest prawdziwym spokojem" – także bezpośrednio wiąże się z naszą praktyką.

7

Ścieżka pustki i współczucia w mahajanie

Teksty mahajany – nauki ostateczne i wymagające interpretacji

Gdy zastanowimy się nad pojęciami, które dotychczas wyjaśnialiśmy, zauważymy, że pierwsza nauka udzielona przez Buddę na temat Czterech Szlachetnych Prawd jest jak przedstawienie doskonałego planu całej buddyjskiej doktryny. Gdy uwzględnimy wszystkie wyjaśnienia udzielane przez różne buddyjskie szkoły filozoficzne, łącznie z mahajaną, uświadomimy sobie konieczność przeprowadzenia rozróżnienia pomiędzy sutrami: niektóre będą naukami ostatecznymi, inne zaś będą wymagać dalszej interpretacji. Jeśli spróbujemy dokonać tego rozróżnienia w wypadku konkretnej sutry, to okaże się, że potrzebujemy następnego tekstu, aby stwierdzić, czy tekst przewodni sam ma znaczenie ostateczne czy też nie. Następnie będziemy potrzebować kolejnej sutry, aby określić prawomocność poprzedniej. Proces ten będzie się ciągnął w nieskończoność i nie przyniesie żadnego kryterium. Ponadto różne sutry proponują nieraz przeciwstawne metody odróżniania znaczeń ostatecznych i tych, które wymagają interpretacji. W końcu, aby zdecydować, czy sutra ma znaczenie ostateczne czy też go nie ma, musimy posłużyć się własnym rozumem. Widzimy więc, że z perspektywy mahajany rozum jest ważniejszy niż pismo.

W jaki sposób stwierdzamy zatem, czy konkretne wyrażenie bądź tekst wymaga interpretacji? Są rozmaite typy pism należących do tej kategorii. Na przykład w niektórych sutrach czytamy o konieczności zabicia swoich rodziców. A zatem, skoro przecież nie można rozumieć ich dosłownie, wymagają one interpretacji: rodzice oznaczają naznaczone skazą czyny i przywiązania, których efektem jest przyszłe odrodzenie się.

Podobne stwierdzenia można znaleźć także w tantrach, na przykład w *Rdzennej tantrze Guhjasamadży* (*Guhyasamājanāmamahākalparāja*), gdzie Budda oświadcza, że należy zabić Tathagatę, to jest Buddę, dzięki czemu osiągnie się ostateczne oświecenie[27]. Oczywiście takich zaleceń nie można przyjmować dosłownie!

Istnieją też inne rodzaje pism wymagających interpretacji. Na przykład sutra objaśniająca dwanaście ogniw zależnego powstawania mówi, że jeśli istnieje przyczyna, powstanie i skutek. Jeśli więc na przykład czyjś umysł jest pogrążony w niewiedzy, to następstwem tego będą naznaczone skazą działania.

> Z powodu istnienia tego, tamto powstaje.
> Z powodu powstawania tego, tamto się rodzi.
> Zatem: z powodu niewiedzy jest dzialanie woli;
> Z powodu dzialania jest świadomość...[28]

Sutry tego typu, które – jak się wydaje – należałoby brać dosłownie, ponieważ powyższe stwierdzenie jest z pewnością prawdziwe, są jednak zaliczane do kategorii wymagających interpretacji tekstów wstępnych, dlatego że niewiedzę powodującą naznaczone skazą działania omawia się w nich z konwencjonalnego punktu widzenia, zgodnie z którym jeden przedmiot wytwarza inny. Tymczasem na

[27] *Rdzenna tantra Guhjasamadży*, rozdz. 7.

[28] *Sutra o kielku ryżu* (*Śālistambhasūtra*), s. 303.

poziomie ostatecznym naturą wszelkich zjawisk jest pustka. Istnieje zatem inny, głębszy poziom rzeczywistości, którego w tej sutrze się nie omawia. Dlatego wymaga ona interpretacji.

Sutrami ostatecznymi są sutry mądrości, takie jak na przykład *Sutra serca doskonałości mądrości* (*Prajñāpāramitāhṛdayasūtra*)[29], w której Budda mówi o ostatecznej naturze wszystkich zjawisk: forma jest pustką, pustka jest formą; poza formą nie ma pustki. Ponieważ sutry te mówią o ostatecznej naturze wszelkich zjawisk – to jest o pustce, czyli o sposobie ich istnienia – są ostateczne. Do grupy pism ostatecznych należy też *Sutra o istocie Tathagaty*, należąca do dzieł trzeciego obrotu. Jak wcześniej wspomniałem, jest ona źródłowym tekstem dla *Uttaratantry* Maitrei i dla zbioru hymnów Nagardżuny.

Należy jednak uwzględnić fakt, że różne buddyjskie szkoły stosują różne środki do odróżniania sutr wymagających interpretacji od sutr ostatecznych. Najbardziej zasługują na zaufanie pisma szkoły prasangikamadhjamaki*, a zwłaszcza pisma Nagardżuny i jego zwolennika, Czandrakirtiego. Najpełniej wyjaśniają one nauczany przez Buddę ostateczny pogląd na pustkę. Sposób, w jaki to robią, nie przeczy poprawnej analizie i doświadczeniu z jednej strony oraz wspiera się na logicznym rozumowaniu z drugiej.

Rzecznicy poglądu *szentong*, czyli głoszący koncepcję pustki w relacji, za ostateczne uznają tylko dziesięć sutr, z których wszystkie należą do tekstów trzeciego obrotu[30]. Szkoła ta utrzymuje, że

---

29 Zob. tłumaczenie na angielski: Edward Conze, *Perfect Wisdom*.

30 Treściwe omówienie początków dżonangpy (głównej szkoły broniącej poglądu szentong) oraz zwięzłe wprowadzenie do dyskusji toczonych wśród uczonych tybetańskich na temat poglądu *szentong* można znaleźć w: Paul Williams, *Mahāyāna Buddhism*, Routledge, New York 1989, s. 96–109. Thuken Chökyi Nyima w *Crystal Mirror of Philosophical Systems* (*Collected Works*, t. 2, Minorities Press, Kansu 1984, s. 218–219) wylicza dziewięć sutr cytowanych przez rzeczników poglądu szentong, które stanowią dla nich podstawowe teksty źródłowe. Są to: *Tathāgatagarbhasūtra*, *Jñānālokālaṁkārasūtra*, *Śrīmālādevīsiṁhanāda*, *Mahāparinirvāṇasūtra*, *Avataṁsakasūtra*, *Ratnakutasutra*, *Mahābherīhārakaparivartasūtra*, *Suvarṇaprabhāsasūtra* i *'Phel ba dang 'grib pa med par bstan pa'i mdo*.

konwencjonalne zjawiska są puste w sobie oraz że wszystkie zjawiska ostatecznie są pozbawione nawet konwencjonalnego istnienia. Pogląd ten – zgodnie z którym konwencjonalne zjawiska są puste w sobie – można by interpretować następująco: zjawiska są konwencjonalne, ponieważ nie stanowią swej własnej, ostatecznej natury. W tym sensie są puste w sobie. Niemniej jednak wielu tybetańskich uczonych, którzy podpisują się pod poglądem szentong, nie interpretuje pustki w ten sposób. Utrzymują oni raczej, że o ile zjawiska są puste w sobie, to jest pod względem swej konwencjonalności, to w ogóle nie mogą istnieć.

Jak wiemy z historii, wielu mistrzów należących do tej grupy osiągnęło istotnie wysokie stopnie urzeczywistnienia na tantrycznej ścieżce, na etapach tworzenia* i spełnienia*. Ponieważ z całą pewnością osiągnęli oni owe stopnie urzeczywistnienia dzięki praktyce medytacji pozostającej w związku z ich własnym poglądem na pustkę, wydaje się, że musieli uzyskać jego głębokie zrozumienie. Jednakże jeśli chcielibyśmy rozumieć ich pogląd – głoszący, że rzeczy są puste w sobie – dosłownie, czyli w tym znaczeniu, że rzeczy po prostu nie istnieją, byłoby to równoznaczne ze stwierdzeniem, że nic w ogóle nie istnieje. A to oznaczałoby popadnięcie w skrajność nihilizmu. Konsekwencja taka pojawia się, jak sądzę, dlatego, że rzecznicy doktryny szentong nie mogą zaakceptować tożsamości i istnienia zjawisk, które czerpią swój byt jedynie z zależności względem siebie. To, że bronią oni znaczenia dosłownego, zgodnie z którym konwencjonalne zjawiska nie istnieją i są puste w sobie, staje się jasne, kiedy przyjrzymy się ich stanowisku w kwestii ontologicznego statusu prawdy ostatecznej. Utrzymują oni, że ostateczna natura jest realnie istniejącym w sobie i na swój sposób zjawiskiem. Kiedy więc mówią o pustce tej ostatecznej prawdy, to głoszą, że jest ona pusta pod względem konwencjonalnych zjawisk.

Dharmeśwara, duchowy syn Jungmo Mikje Dordże – jeden z autorów i czołowych rzeczników tego poglądu – stwierdza w jednym ze swych pism, że pogląd na pustkę Nagardżuny jest nihilistyczny. Według samego Dharmeśwary z tej racji, że konwencjonalne zjawiska są puste w sobie, jedyną rzeczą, która istnieje, jest prawda ostateczna. A ta istnieje rzeczywiście i sama w sobie, jako byt obiektywny.

Trzymanie się takiego filozoficznego poglądu przeczy bezpośrednio poglądowi na pustkę wyrażonemu w sutrach *Doskonałości mądrości*. Budda jasno i wyraźnie stwierdził tam, że w sferze pustki nie istnieją żadne różnice pomiędzy zjawiskami konwencjonalnymi a ostatecznymi. Naturę pustki przynależną zjawiskom ostatecznym tłumaczył, używając różnych synonimów oznaczających prawdę ostateczną[31], a jedno z twierdzeń jego fundamentalnej nauki o pustce głosi, że wszystkie zjawiska, począwszy od formy po wszechwiedzę[32], są jednakowe w tym sensie, że są puste.

Głęboki pogląd na pustkę

Chociaż rzecznicy poglądu prasangiki – najwyższej z filozoficznych szkół – mówią, że zjawiska są puste i ich naturą jest pustka, nie należy tych słów błędnie interpretować, uznając, że zjawiska w ogóle nie istnieją. Należy raczej powiedzieć, że zjawiska nie istnieją dzięki sobie, w sobie i z siebie, na swój własny sposób, czyli wewnętrznie. Ponieważ jednak zjawiska istnieją i pojawiają się zależnie od innych

---

[31] W sutrach mądrości pojawiają się między innymi następujące synomimy: „ostateczna pustka", „pustka natury", „pustka tego, co znajduje się poza skrajnościami" itp. Synonimy te można odnaleźć w pismach mahajany, w których przedstawia się różne klasyfikacje pustki. Mówi się na przykład o czterech, szesnastu, osiemnastu i dwudziestu rodzajach pustki. Omówienie tych klasyfikacji można znaleźć w *Madhjamakawatarze*, rozdz. 6, strofy 179–223; zob. tłumaczenie na angielski w: C.W. Huntington, Jr., Geshe Wangchen, *The Emptiness of Emptines*, s. 179–183. Zob. także Geshe Rabten, *Echoes of Voidness*, Stephen Batchelor (tłum.), Wisdom Publications, Boston 1983, s. 85–91.

[32] Ma to związek ze szczególnym systemem klasyfikacji wszelkich zjawisk, danym w tekstach poświęconych doskonałości mądrości. Lista zaczyna się od pięciu zespołów, z których pierwszym jest forma, a kończy się na wszechwiedzy. Stąd wyrażenie „od formy do wszechwiedzy" jest odpowiednikiem wyrażenia „wszystkie zjawiska" bądź „wszystkie rzeczy i zdarzenia".

czynników, to jest przyczyn, warunków itd., to pozbawione są niezależnej natury. Ich naturą jest zależność. Sam fakt, że są one zależne od innych czynników, wskazuje, iż nie mają one niezależnego statusu. Kiedy rzecznicy prasangikamadhjamaki mówią o pustce, mają na myśli pustą naturę zjawisk pojmowaną w kategoriach zależnego powstawania. Dlatego zrozumienie pustki nie przeczy konwencjonalnej realności zjawisk.

Aby dowieść, że zjawiska z natury są puste, prasangikowie wskazują na zależność zjawisk jako na ostateczną i rozstrzygającą rację. Rozumują następująco: ponieważ zjawiska powstają i istnieją w zależności od innych czynników, to nie mają niezależnej natury. Dlatego też są pozbawione wewnętrznej realności i tożsamości. Takie podejście do pustki wywodzące ją z zależnego powstawania jest bardzo głębokie, ponieważ nie tylko usuwa błędny sposób pojmowania zjawisk jako istniejących w sobie, ale jednocześnie chroni praktykującego przed popadaniem w nihilizm.

W pismach Nagardżuny znajdujemy twierdzenia głoszące, że pustkę należy rozumieć w kategoriach zależnego powstawania. W *Podstawowych strofach środkowej drogi* (*Mūlamadhyamakakārikā*) Nagardżuna mówi, że w systemie, w którym pustka jest niemożliwa, nic nie jest możliwe. Jednak w systemie, w którym pustka jest możliwa, wszystko jest możliwe[33]. W innym fragmencie stwierdza: „Ponieważ nie ma zjawiska, które nie powstałoby w zależności, to nie ma zjawiska, które nie byłoby puste"[34].

Pogląd Nagardżuny na pustkę należy rozpatrywać w kontekście zależnego powstawania. Widać to jasno nie tylko w jego pismach, lecz także w późniejszych komentarzach, takich jak klarowny, zwięzły tekst autorstwa Buddhapality, oraz w pismach Czandrakirtiego,

---

[33] *Mulamadhjamakakarika*, rozdz. 24, strofa 19. Zob. tłumaczenie na angielski w: F. Streng, *Emptiness: A Study in Religious Meaning*, Abingdon, Nashville and New York 1967, s. 213.

[34] *Mulamadhjamakakarika*, rozdz. 24, strofa 14; *ibidem*, s. 213.

zwłaszcza w komentarzu do *Mulamadhjamakakariki* zwanym *Jasne słowa* (*Prasannapadā*), w *Madhjamakawatarze*, jak również w autokomentarzu do tego ostatniego tekstu[35]. Istnieje także komentarz Czandrakirtiego do *Czterystu strof o środkowej drodze* (*Catuḥśatakaśāstrakārikā*) Arjadewy*. Jeśli porównalibyśmy wszystkie te teksty, jasne stałoby się, że wyłożony przez Nagardżunę pogląd na pustkę należy rozumieć w kontekście zależnego powstawania. Lektura tych komentarzy wprawia w szczery podziw dla Nagardżuny.

Tak w skrócie wygląda zarys ścieżki przedstawiony w naukach buddyjskich sutr.

---

[35] Przekład części *Prasannapady* Czandrakirtiego można znaleźć w: M. Sprung, *Lucid Exposition of the Middle Way*, Prajna, Boulder 1979.

8

Pytania i odpowiedzi

Pytanie: W jaki sposób dochodzi się do przekonania, że nasza świadomość nie ma początku ani końca? Czy jest to po prostu kwestia wiary?

J.Ś. Dalajlama: Przekonanie to bywa rozwijane na dwa sposoby. Jeden polega na badaniu racji, które w sposób logiczny dowodzą poprawności tego poglądu, tak że ostatecznie sami dochodzimy do takiego wniosku. W wypadku innych rodzajów zjawisk może się zdarzyć, że nie będziemy w stanie dojść do pewnego wniosku za pomocą bezpośredniego logicznego rozumowania, które dowodziłoby i wspierało jego prawomocność. W takim razie możemy zbadać przesłankę, przyjmując przeciwny pogląd i sprawdzając, czy owa przeciwstawna teza prowadzi do wewnętrznej niespójności i logicznej sprzeczności. Postępując w ten sposób, możemy odnaleźć takie elementy naszego poglądu, których nie sposób wyjaśnić. Ponieważ owo przeciwne stanowisko rodzi wiele niespójności, możemy dojść do wniosku, że jest zupełnie odwrotnie!

Co się tyczy tej kwestii, należy zdać sobie sprawę, że – ogólnie rzecz biorąc – istnieją trzy rodzaje zjawisk: 1) *zjawiska jawne*, czyli te, które można bezpośrednio zaobserwować; 2) *zjawiska nieznacznie ukryte* – o których istnieniu możemy się przekonać na drodze wnioskowania, rozumowania; 3) *zjawiska całkowicie ukryte* – pozostające poza sferą dostępną postrzeganiu, których istnienie nie daje się udowodnić przez logicznie rozumowanie. Istnienia owych całkowicie ukrytych zjawisk można dowieść jedynie na podstawie świadectwa innych osób i autorytetu pism.

Ponadto w buddyzmie istnieją cztery różne sposoby badania tych kategorii zjawisk, znane jako *cztery zasady*. Pierwszą jest *zasada rzeczywistości*. Na przykład naturą naszej świadomości jest świetlistość i poznawanie. Dlaczego tak jest? Otóż nie istnieje żaden powód – taka jest po prostu natura świadomości. Podobnie też nasze fizyczne ciało składa się z atomów i cząstek chemicznych. Taka jest jego natura, w ten sposób ono istnieje. Następną jest *zasada zależności*. Odnosi się ona do zjawisk, które pozostają w relacji do czegoś innego, np. część i całość, dobry i zły itd. Trzecią zasadą jest *zasada skuteczności*. Obejmuje ona takie zjawiska, jak przyczyny, których funkcją jest wywoływanie skutku, i skutki, które działają, następując po swoich przyczynach. I wreszcie *zasada poprawnego dowodu*, która obejmuje reguły logiki odkrywane na podstawie trzech wcześniejszych zasad. Rządzą one związkami zachodzącymi między różnymi rzeczami, a przez to umożliwiają nam wyciąganie wniosków z prawdziwych przesłanek[36].

Sposób podejścia, jaki cechuje opisaną właśnie czworaką analizę, jest dość podobny do sposobu podejścia zachodniej nauki. Na przykład zasada rzeczywistości jest pod pewnymi względami podobna do niektórych teorii fizyki kwantowej, zajmującej się naturą cząstek. W *Rdzennej tantrze Kalaczakry* (*Śrīkālacakranāmatantrarāja*)

---

[36] Jeden z najwcześniejszych wykładów tej czworakiej analizy znajduje się w *Sutrze wyjaśniającej myśl Buddy*, będącej jednym z najważniejszych hermeneutycznych pism buddyzmu mahajany. Jaśniejsze przedstawienie tych zasad, oparte na wspomnianej sutrze, można znaleźć w *Abhidharmasamuczczaji* Asangi oraz w komentarzach do niej. Współcześnie kwestię tę omawia Matthew Kapstein w *Mipham's Theory of Interpretation* [w:] *Buddhist Hermeneutics*, Donald Lopez, Jr. (red.), Motilal Banarsidass, Delhi 1993, s. 152–161.

możemy znaleźć fragmenty, w których wyjaśnia się, że cząstki przestrzenne, czyli złożone z przestrzeni, są źródłem całej materii wszechświata. Podobnie też istnieje bliska paralela między działaniem drugiej zasady a prawami chemii. Na poziomie kwantowym dostrzegamy działanie zasady rzeczywistości. Kiedy cząstki łączą się, tworząc większe całości i oddziałują na cząstki innych rodzajów, dostrzegamy działanie zasady zależności. Z kolei oddziaływanie różnych rodzajów cząstek chemicznych, dających w rezultacie różne własności, przypomina trzecią zasadę – zasadę skuteczności. Jeśli uznamy te trzy zasady wiązania się zjawisk za podstawę analizy, będziemy mogli zastosować reguły logicznego rozumowania zawarte w zasadzie czwartej.

Jeśli w kontekście pytania o odwieczną ciągłość świadomości przychylimy się do przeciwnego stanowiska, głoszącego istnienie początku, wyłoni się wówczas poważny problem. Jak pojawił się pierwszy moment świadomości? Z czego się wyłonił? Uznanie punktu początkowego prowadzi do wielu logicznych sprzeczności i niespójności. Osoba utrzymująca takie stanowisko musi albo przyjąć, że pierwszy moment powstał w ogóle bez przyczyny, albo uznać istnienie stwórcy.

Każdy stan świadomości wymaga substancjalnej przyczyny* w postaci innego poprzedzającego momentu świadomości. Dlatego utrzymujemy, że świadomość jest nieskończona i pozbawiona początku. Wydaje się, że stanowisko to rodzi mniej sprzeczności. Chociaż takie wyjaśnienie może was całkowicie nie usatysfakcjonować, niemniej całkiem bezpiecznie można utrzymywać, że pogląd ten zawiera mniej sprzeczności i jest w mniejszym stopniu logicznie niespójny, a to już stanowi dobrą podstawę dla budowania własnych przekonań.

P: Jeśli zjawiska, które postrzegam, są projekcjami mojego umysłu, to dlaczego wszyscy postrzegają te same zjawiska tak samo? Widzę przed Waszą Świątobliwością tekst owinięty w pomarańczową tkaninę. Dlaczego wszyscy pozostali też tak to widzą? Ponadto przeczytałem, że istoty zamieszkujące pozostałych pięć światów postrzegają te zjawiska inaczej niż my, niemniej sposób, w jaki postrzegają, jest wspólny wszystkim istotom zamieszkującym konkretny świat. Dlaczego?

J.Ś.: Według wyjaśnienia, jakiego udziela najwyższa ze szkół buddyjskich, czyli prasangikamadhjamaka, zewnętrzne zjawiska nie są zwykłymi projekcjami czy też tworami umysłu. Zewnętrzne zjawiska mają odmienną naturę różną od umysłu. To, że wszystkie zjawiska są zwykłymi etykietami czy też nazwami, znaczy, że uzyskują one swoje istnienie i tożsamość za pośrednictwem dokonywanego przez nas ich określania i nazywania. Nie oznacza to jednak, że poza nazwą, nadaniem czy etykietą nie ma żadnego zjawiska. Chodzi raczej o fakt, że jeśli dokonujemy analizy i poszukujemy obiektywnej istoty jakiegoś zjawiska, to nie da się jej znaleźć. Zjawiska nie są w stanie oprzeć się takiej analizie, dlatego nie istnieją obiektywnie. Skoro jednak istnieją [dla nas– przyp. tłum.], to powinien im przysługiwać jakiś poziom istnienia. I dlatego powiada się, że rzeczy istnieją tylko dzięki procesowi nazywania.

Ponieważ zjawiska nie są niezależne, obiektywnie rzeczywiste, to od strony przedmiotu nie przysługuje im żaden status istnienia. Dlatego stwierdzamy, że zjawiska istnieją jedynie nominalnie czy też konwencjonalnie. Jednak kiedy rzeczy nam się jawią, nie postrzegamy ich jedynie jako nazwy. Jawią się one tak, jak gdyby przysługiwała im „na zewnątrz" jakaś obiektywna realność, wewnętrzny byt. Istnieje zatem różnica między sposobem jawienia się nam rzeczy, a sposobem ich istnienia. Dlatego powiada się, że rzeczy są iluzoryczne.

O faktycznym sposobie istnienia zjawisk można się przekonać tylko dzięki własnemu doświadczeniu – kiedy zaneguje się ich wewnętrzny byt. Ale nie można logicznie dowieść konwencjonalnej rzeczywistości. Na przykład ten stół istnieje, ponieważ dotykamy go, czujemy go, kładziemy na nim rzeczy itd. A zatem istnieje. Tylko na drodze bezpośredniego doświadczenia zjawiska możemy dowieść realności jego istnienia.

Prasangikowie mówią o trzech kryteriach rozstrzygających, czy przedmiot istnieje czy też nie istnieje: 1) przedmiot powinien zostać poznany w ramach powszechnej konwencji, 2) żadna forma uprawomocnienia nie może zaprzeczyć takiej konwencji, 3) ostateczna analiza natury tego przedmiotu nie może przeczyć jego istnieniu. O wszystkim, co spełnia te trzy kryteria, mówi się, że istnieje konwencjonalnie[37].

Przedmiot, taki jak tkanina, w którą zawinięty jest ten tekst, można postrzegać na wiele sposobów. Wielu ludziom jawi się ona jako pomarańczowa, ale niektórzy mogą nie widzieć koloru pomarańczowego, czy to z powodu choroby, czy też z powodu innych fizycznych uwarunkowań, takich jak na przykład daltonizm. Inne istoty, z powodu swego karmana*, także nie są w stanie tak jak my postrzegać tej tkaniny jako pomarańczowej.

P: Czy jako rozpoznana inkarnacja XIII Dalajlamy, czyli osoba przypuszczalnie należąca do tego samego strumienia umysłu, mógłby Wasza Świątobliwość wyjaśnić, dlaczego, będąc urzeczywistnioną istotą, musiał przechodzić przez różne szkolenia, egzaminy itd. Poznawanie przez Waszą Świątobliwość tych nauk można by porównać do ponownego uczenia się przez wykwalifikowanego mechanika podstawowych zasad konserwacji samochodu.

J.Ś.: Nie mógłbym osiągnąć obecnego poziomu mojej wiedzy, gdybym nie oddawał się poważnym studiom – musiałem więc studiować. Taka jest rzeczywistość. Miałem może kilka okazji, żeby stwierdzić, iż zrozumienie pewnych filozoficznych kwestii uważanych normalnie za niełatwe przychodzi mi bez większego wysiłku. To być

---

[37] Zob. Congkhapa, *Wielka prezentacja etapów ścieżki*, Pisma zebrane, t. *pha* (13), folio 405a.

może dowodzi, że w przeszłych żywotach oddawałem się studiom. Poza tym jestem zwykłą osobą, taką jak wy – i to wszystko

P: Czy Wasza Świątobliwość może wyjaśnić znaczenie terminów „nadanie"[38] i „podstawa nadania"[39]? Czy mógłby Wasza Świątobliwość także wytłumaczyć, jak traktują te terminy niższe i wyższe szkoły buddyjskie?

J.Ś.: Z wyjątkiem prasangiki wszystkie szkoły buddyjskie utożsamiają istnienie zjawiska z podstawą nazwy i dlatego utrzymują, że istnieje rodzaj obiektywnego bytu.

Na przykład gdy niższe szkoły identyfikują osobę czy też jaźń, identyfikują ją jako ciągłość świadomości. Jednak według literatury należącej do wyższych szkół buddyjskich taki pogląd filozoficzny prowadzi do sprzeczności bądź niespójności, gdy mówimy o stanach medytacji bez świadomości. Inne sprzeczności powstają także wtedy, gdy jednostka osiąga to, co zwie się *nieskalaną mądrością*. Problematyczne staje się wówczas identyfikowanie osoby na podstawie ciągłości świadomości.

Ponieważ we wszystkich niższych szkołach buddyjskich przyjmuje się, że rzeczy istnieją „od wewnątrz", to ich przdstawiciele dowodzą pewnego rodzaju obiektywnego istnienia, utrzymując, że rzeczy istnieją na swych własnych prawach i w sobie. Dzieje się tak dlatego, że utożsamiają oni zjawiska z podstawą nazwy. Dla prasangików powiedzenie, że coś istnieje obiektywnie i jest tożsame z podstawą nazwy, jest równoznaczne ze stwierdzeniem, że to coś istnieje autonomicznie – ma niezależną naturę i istnieje na swych własnych prawach. W tym miejscu powinniśmy rozważyć naturę zależności. W wielu wypadkach jest oczywiste, że istnienia wielu zjawisk nie można ustalić niezależnie od innych czynników. Kiedy

---

[38] Ang. *imputation* (przyp. tłum.).

[39] Ang. *basis of imputation* (przyp. tłum.).

na drodze analizy poszukujemy istoty, faktycznego referenta kryjącego się za etykietami, rzeczy się rozpadają, a my nie znajdujemy niczego, co mogłoby stanowić ich istotę. Zauważamy raczej, że *coś* istnieje, ale że istnieje to na mocy czy też w zależności od czynników, do których, co ważniejsze, należy także akt nadania, proces etykietowania. Dlatego prasangikowie mówią, że nie istnieje obiektywna rzeczywistość czy też wewnętrzny byt.

Rozważmy na przykład czas teraźniejszy. Jasne jest, że teraźniejszość istnieje, ale zbadajmy głębiej, czym ona jest. Możemy dokonać podziału czasu: czas miniony to przeszłość, a czas, który ma dopiero nadejść, to przyszłość. Jeśli będziemy dzielić czas na coraz mniejsze interwały, stwierdzimy, że nie zostaje prawie nic, co moglibyśmy naprawdę nazwać teraźniejszością. Stwierdzamy, że przeszłość od przyszłości dzieli niezwykle cienka linia – coś, co nie jest w stanie oprzeć się analizie i pozostać jako teraźniejszość. Gdybyśmy bronili niepodzielności pojedynczego punktu czasu, nie byłoby podstaw do rozróżniania przeszłości, teraźniejszości i przyszłości, ponieważ czas nie byłby podzielny. Skoro jednak mówimy o podzielnym czasie, to między przeszłością a przyszłością nie ma niemal miejsca na teraźniejszość.

Jeśli nie można stwierdzić istnienia teraźniejszości, to jak można postulować istnienie przeszłości i przyszłości? Przeszłość zwie się przeszłością w relacji do teraźniejszości, również przyszłość zwie się przyszłością w relacji do teraźniejszości. Gdybyśmy jednak doszli do wniosku, że teraźniejszość nie istnieje, przeczyłoby to powszechnej konwencji, naszemu przekonaniu i doświadczeniu, jak również wielu innym faktom. Dlatego możemy powiedzieć, że teraźniejszość istnieje, ale nie wewnętrznie czy obiektywnie. Oto przejaw zależnego powstawania.

P: Dharmakirti w *Komentarzu do kompendium poprawnego poznania* (*Pramāṇavarttikakārikā*) mówi, że przedmiot poznania jest stale doświadczany wraz z jego poznawczym obrazem, jak zatem można dowieść odrębności przedmiotu poznania i jego poznawczego obrazu? Czy Wasza Świątobliwość mógłby to skomentować, zwłaszcza w odniesieniu do znaczenia, jakie może to mieć dla praktyki etapu tworzenia w tantrze?

J.Ś.: W tym fragmencie Dharmakirti wypowiada się na temat argumentu *stałego współpoznawania*. Jest to filozoficzna zasada jogaczary*, w której neguje się zewnętrzną rzeczywistość, czyli świat zewnętrzny mający atomową strukturę. Ponieważ rzecznicy filozoficznego systemu jogaczary twierdzą, że rzeczy nie mogą istnieć inaczej niż jako projekcje czyjegoś umysłu, to utrzymują także, że nie istnieje niezależna od umysłu zewnętrzna fizyczna rzeczywistość mająca atomową strukturę.

Jak czytamy w *Dwudziestu strofach* (*Viṁśatikā*)[40], Wasubandhu poddaje krytycznej analizie tak zwany niepodzielny atom– postulowany przez szkoły realistyczne. Proponuje, abyśmy spróbowali wyobrazić sobie niepodzielny atom, który w ogóle nie ma części. Jeśli jednak coś jest materialne, to nie może być niepodzielne, gdyż cechą charakterystyczną materii jest opór, ciało materialne musi więc mieć przestrzenne części. Zatem nie może być niepodzielne. Prowadząc dalej swą analizę, rzecznicy jogaczary dochodzą do wniosku, że nie istnieje zewnętrzna rzeczywistość mająca atomową strukturę. Wyciągają taki wniosek, gdyż nie rozumieją najsubtelniejszego poziomu pustki objaśnianego przez prasangików. Tak więc filozofowie jogaczary twierdzą, że rzeczy są obdarzone wewnętrznym bytem oraz że jeśli analizujemy coś i nie znajdujemy w tym żadnej istoty, to owo coś w ogóle nie istnieje. Natomiast prasangikowie, stojąc w obliczu niemożliwości znalezienia istoty przedmiotu, dochodzą do wniosku, że przedmioty nie istnieją w sobie, nie zaś, że nie istnieją w ogóle. Na tym polega różnica między tymi dwoma szkołami.

---

[40] Strofa 12.

P: Niektóre teksty tantryczne wspominają o ośmiu typach świadomości. O jakie typy chodzi?

J.Ś.: Kiedy wspomina się o ośmiu typach świadomości, włącza się do nich świadomość podstawową. Podstawowa świadomość, o której teraz mówimy, jest czymś całkowicie różnym od podstawowej świadomości omawianej w pismach jogaczary. W tantrze najwyższej jogi podstawową świadomość można tworzyć w stanie mądrości rozpoznającej pustkę: dlatego jest ona synonimem podstawowego wrodzonego umysłu czystego światła. Podstawowa czy też fundamentalna świadomość omawiana w szkole jogaczary jest zawsze neutralna, to znaczy nie jest w swej naturze ani prawa, ani nieprawa.

Byli jednakże indyjscy mistrzowie, tacy jak Śantipada i Abhajakara, którzy – mimo że obstawali przy filozoficznym systemie negującym istnienie zewnętrznej rzeczywistości mającej atomową strukturę – osiągnęli wysoki stopień urzeczywistnienia w tantrze. Podanie głosi, że kiedy po raz pierwszy mistrzowie ci zaangażowali się w praktykę tantry, byli rzecznikami jogaczary czy też madhjamakaswatantrikajogaczary. Później, w rezultacie osiągnięcia wysokiego stopnia urzeczywistnienia na ścieżce tantrycznej, zdołali rozpoznać głęboką pustkę, o której mówili prasangikowie.

Dlatego, kiedy podejmujecie tantryczną praktykę etapu tworzenia, jeśli to możliwe i jeśli odpowiada to waszym zdolnościom umysłowym, najlepiej od razu przyjąć pogląd na pustkę głoszony przez prasangikę. W ten sposób postępowała większość wielkich mistrzów i praktykujących w przeszłości. System prasangiki cechuje się najmniejszą ilością logicznych niespójności i sprzeczności oraz najwyższym stopniem zasadności.

Czandrakirti w swoim komentarzu do *Czatuhśataki* Arjadewy zdecydowanie krytykuje Dharmapalę, który zinterpretował ostateczne filozoficzne stanowisko Arjadewy jako stanowisko jogaczary. W autokomentarzu Czandrakirtiego do jego *Madhjamakawatary* znajdujemy także takie pytanie: „Czy twierdzisz, że mistrzowie tacy jak Wasubandhu, Dharmapala itp. odrzucili subtelny pogląd na pustkę z powodu swojego lęku przed głęboką doktryną pustki wewnętrznego bytu?”. Czandrakirti odpowiada emfatycznym „tak!”.

Tak więc praktykujący tacy jak ja – ceniący filozoficzny system Czandrakirtiego i sławiący Czandrakirtiego w takim stopniu, że przyrównują jego dwa traktaty: komentarze do *Guhjasamadżatantry* i do *Mulamadhjamaki*, do słońca i księżyca – zawsze ostatecznie podążą za jego przykładem i potwierdzą, że mistrzowie tacy jak Wasubandhu i Dharmapala odrzucili głęboki pogląd na pustkę.

Część II

Altruistyczne spojrzenie na świat a sposób życia

I

Pożytek z altruizmu

W swoich naukach Budda nakreślił ogólny zarys różnych metod ćwiczenia i przekształcania umysłu. Jednakże ujmując rzecz historycznie, tradycyjna klasyfikacja pewnych praktyk i związanej z nimi literatury rozwinęła się dopiero w Tybecie, gdzie znana była pod nazwą *lodziong* (*blo sbyong*), co znaczy „ćwiczenie umysłu" bądź „przekształcanie myśli". Nazwa tych praktyk i związanej z nimi literatury bierze się właśnie stąd, że zmierzają one do radykalnej transformacji naszego sposobu myślenia, a przez to także naszego sposobu życia. Jedną z zasadniczych cech praktyki lodziong jest ogromny nacisk, jaki się w niej kładzie na przezwyciężenie przywiązania do trwałej tożsamości „ja" oraz narcystycznej postawy wynikającej z takiego właśnie pojmowania jaźni. Taka postawa utrudnia nam wzbudzenie w sobie autentycznego współodczuwania z innymi i zawęża naszą perspektywę do ciasno pojmowanej troski o samego siebie. W istocie, zmieniając sposób myślenia, pragniemy przekształcić nasze zwykłe, egoistyczne nastawienie do życia w podejście bardziej altruistyczne, dzięki któremu, w najgorszym razie, dobro innych będziemy traktować na równi z własnym, a w sytuacji idealnej – dobro innych przedłożymy ponad własne.

Bodhiczarjawatara Śantidewy stanowi główny punkt odniesienia dla większości literatury należącej do tej kategorii[1]. Ustny przekaz tego tekstu otrzymałem od nieżyjącego już Kunu Lamy Rinpocze. Sam staram się stosować tę praktykę jak najczęściej, a także objaśniać ją innym, gdy tylko nadarza się ku temu sposobność. W ciągu tych trzech wspólnie spędzonych dni chciałbym, w ramach omawiania buddyjskich nauk, zbadać niektóre z głównych zagadnień praktyki altruizmu objaśnionych w rozdziałach szóstym i ósmym tego tekstu, które poświęcone są cierpliwości i medytacji.

Najpierw opowiem o pożytku płynącym ze współczucia i życzliwości. Życzliwość jest prawdziwym źródłem wszelkiego szczęścia, nie tylko w życiu religijnym, ale także w życiu codziennym. Jako istoty ludzkie jesteśmy zwierzętami społecznymi. Z powodu tej cechy ludzkiej natury nasze przetrwanie zależy wyłącznie od współpracy, pomocy i życzliwości innych członków społeczeństwa. Stanie się to bardziej widoczne, jeśli zastanowimy się nad zasadniczym modelem ludzkiego istnienia: aby osiągnąć coś więcej niż samo przetrwanie w sensie biologicznym, potrzebujemy towarzystwa, przyjaciół, szacunku ze strony innych, środków materialnych itd. Wszystko to zależy od innych. Przypuśćmy, że ktoś miałby żyć samotnie na odludziu. Bez względu na to, jak silna, zdrowa czy wykształcona byłaby ta osoba, nie byłaby w stanie wieść szczęśliwego i spełnionego życia. Jeśli człowiek żyje na przykład gdzieś w głębi afrykańskiej dżungli i jest jedyną ludzką istotą w rezerwacie zwierząt, to w najlepszym

---

[1] To ważne dzieło mahajany przetłumaczył na angielski Stephen Batchelor (*A Guide to the Bodhisattva's Way of Life*, Library of Tibetan Works & Archives, Dharamsala 1979). Istnieje także wcześniejsze tłumaczenie z sanskrytu dokonane przez Marion L. Matics (*Entering the Path to Enlightenment*, Macmillan, New York 1970). Ponadto wydawnictwo Aditya Prakashan z New Delhi opublikowało w 1990 roku wydanie dwujęzyczne – w sanskrycie i angielskim – w przekładzie Parmanandy Sharmy. Jeśli chodzi o współczesne komentarze do tego tekstu, zob. prace XIV Dalajlamy: *A Flash of Lightning in the Dark of Night*, Shambala Publications, Boston 1994 oraz *Transcendent Wisdom*, Alan B. Wallace (tłum. i red.), Snow Lion, Ithaca 1988.

razie, o ile jest inteligentny i sprytny, może zostać królem dżungli. Czy jednak taka osoba może mieć przyjaciół? Czy może zyskać sławę? Bez względu na jej siłę i dobre zdrowie, czy może zostać bohaterem, jeśli zapragnie nim być? Myślę, że na wszystkie te pytania musimy odpowiedzieć stanowczo: nie! Wszystko to staje się bowiem możliwe jedynie wówczas, gdy człowieka łączą relacje z innymi członkami społeczeństwa.

Nawet jeśli przyjmujemy całkowicie egoistyczną perspektywę – pragniemy tylko własnego szczęścia, wygody i zadowolenia z życia, nie zwracając przy tym uwagi ani na dobro innych, ani na dobro naszych własnych przyszłych wcieleń – nawet wówczas, podkreślam to raz jeszcze, spełnienie naszych pragnień wymaga uzależnienia się od innych. Ten fakt nie podlega dyskusji. Nawet popełnianie nieprawych uczynków zależy od istnienia innych. Na przykład aby popełnić oszustwo, potrzebujemy kogoś, kogo oszukamy. Wszystko, co się w naszym życiu zdarza, jest tak ściśle związane z losem innych, że osoba, która żyje samotnie, nie może nawet przystąpić do tego rodzaju działań. Wielu zwykłych ludzkich działań – czy to pozytywnych, czy negatywnych – nie można sobie wręcz wyobrazić bez istnienia innych ludzi. To inni stwarzają nam sposobność do zarabiania pieniędzy, jeśli właśnie tego pragniemy. Dzięki istnieniu innych media mogą z kogoś zrobić bohatera – bądź go skompromitować. Osoba samotna nie może sama dla siebie stać się sławna, ani się skompromitować, bez względu na to, jak głośno będzie krzyczeć. Jedyną rzeczą, jaką osiągnie, będzie wzbudzenie echa własnego głosu.

Jako ludzkie istoty wykazujemy naturalną skłonność do cenienia sobie miłości i współdziałania z innymi. Na pewnym spotkaniu z naukowcami, a była tam grupa uczonych zajmujących się neurobiologią, dowiedziałem się, że istnieje niezbity naukowy dowód na to, że nawet w ciąży stan umysłu matki wywiera duży wpływ na fizyczny i umysłowy stan nienarodzonego jeszcze dziecka. Wydaje się czymś niezbędnym, aby umysł brzemiennej matki pozostawał w stanie wyciszenia i relaksacji. Po urodzeniu najważniejszym okresem dla zdrowego rozwoju dziecka jest pierwszych kilka tygodni. W tym czasie – jak mi powiedziano – jednym z najważniejszych czynników zapewniających szybki i zdrowy rozwój mózgu dziecka jest stały fizyczny kontakt z matką. Jeśli w tym krytycznym okresie dziecko pozostaje zaniedbane i bez opieki, to później – mimo że skutki, jakie ten fakt wywiera na stan umysłu dziecka, nie od razu być może się uwidocznią – łatwo jest dostrzec wynikłe stąd szkody fizyczne i psychiczne. Kiedy dziecko widzi przy sobie kogoś, kto odnosi się doń serdecznie i czule, kogoś, kto się uśmiecha i wyraża miłość oraz troskę, wówczas czuje się szczęśliwe i bezpieczne. Z drugiej strony, jeśli dziecko jest krzywdzone, ogarnia je strach, co prowadzi do zaburzeń w rozwoju. Tak się zaczyna nasze życie.

Gdy jesteśmy młodzi, zdrowi i silni, czasami mamy poczucie, że jesteśmy całkowicie niezależni i że nikogo nie potrzebujemy. Ale jest to iluzja. Nawet w tak młodym wieku jako istoty ludzkie potrzebujemy przyjaciół, nieprawdaż? Tym bardziej, gdy się zestarzejemy. Rozpatrzmy to na moim przykładzie – dalajlamy, pięćdziesięcioletniego człowieka, u którego widać już oznaki nadchodzącej starości. Widzę, jak na mojej głowie pojawiają się siwe włosy; czasami miewam pewne problemy z kolanami podczas siadania i wstawania. Gdy się starzejemy, w coraz większym stopniu potrzebujemy pomocy innych: taką naturę ma nasze ludzkie życie.

Człowiek, aby czuł się szczęśliwy i zadowolony, bardzo potrzebuje przyjaciół. Stąd też nabiera wielkiej wagi pytanie, jak rozwijać przyjaźń i dobre związki z towarzyszami naszego życia. Może się komuś wydawać, że można „kupić" sobie przyjaciół; w rzeczywistości jednak są to jedynie przyjaciele naszego bogactwa – nie nasi. Dopóki macie pieniądze i jesteście bogaci, „przyjaciele" ci będą was otaczać, ale gdy tylko stracicie majątek, z radością powiedzą wam „do widzenia!". I więcej o nich nie usłyszycie! Poszukają sobie kogoś, kto jest bogatszy. Najbardziej potrzebujemy przyjaciół wówczas, gdy przechodzimy przez trudny okres w naszym życiu. Ktoś, kto nas w tym czasie opuszcza, nie jest prawdziwym przyjacielem. Jest nim ten, kto pozostaje naszą podporą wówczas, gdy wiedzie się nam źle.

Powtórzmy raz jeszcze pytanie: „Jak zdobywać przyjaciół?". Z pewnością nie poprzez nienawiść i agresję. Nie można zdobyć przyjaciół, obrażając innych i walcząc z nimi. Autentyczna przyjaźń rodzi się tylko we współdziałaniu opartym na uczciwości i szczerości, a to oznacza utrzymywanie otwartego umysłu i gorącego serca. Wiemy to z naszych codziennych kontaktów z ludźmi.

Potrzeba otwartości i współdziałania staje się jeszcze bardziej nagląca na poziomie globalnym. Obecnie w świecie wielkiego biznesu przestają obowiązywać dawne granice dzielące rodziny, a nawet narody. Poszczególne kraje, kontynenty – słowem cały świat – połączone są już nierozerwalnymi więzami. Każdy zależy w dużym stopniu od innych. Aby jakiś kraj mógł się gospodarczo rozwijać, musi brać pod uwagę warunki ekonomiczne nie tylko własne, ale również innych krajów. A rozwój gospodarczy innych krajów ostatecznie wpłynie korzystnie także na rozwój naszego własnego kraju. Wobec tego konieczna jest rewolucja w naszym sposobie myślenia oraz w naszych zwyczajach. Każdego dnia coraz lepiej uzmysławiamy sobie, że system gospodarczy, jeśli ma się rozwijać, musi bazować na autentycznym poczuciu uniwersalnej odpowiedzialności. Innymi słowy, potrzebujemy autentycznego zaangażowania w zasady powszechnego braterstwa ludzi. Mam nadzieję, że jest to jasne. I nie jest to abstrakcyjny moralny czy religijny ideał. Takie właśnie są obecnie realia naszego ludzkiego istnienia.

Jeśli się nad tym dobrze zastanowić, staje się oczywiste, że wszędzie potrzeba nam więcej współczucia i życzliwości. Doniosłość tej prawdy można ocenić, obserwując sytuację na świecie – czy to w dziedzinie gospodarki i opieki zdrowotnej, czy też sytuację polityczną i militarną. Oprócz kryzysów społecznych i politycznych, stajemy także w obliczu narastającej spirali klęsk żywiołowych. Jesteśmy świadkami radykalnych zmian w klimacie Ziemi, co rodzi poważne konsekwencje: nadmierne opady deszczu w jednych krajach wywołują powodzie, niedobór opadów w innych powoduje pustoszące susze. Na szczęście jednocześnie gwałtownie rośnie zainteresowanie ekologią i troska o środowisko naturalne. Zaczynamy rozumieć, że ochrona środowiska jest warunkiem naszego przetrwania na tej planecie. Jako istoty ludzkie musimy także szanować naszych współbraci w wielkiej ludzkiej rodzinie: sąsiadów, przyjaciół i wszystkich innych. Współczucie, życzliwość, altruizm i poczucie wspólnoty to klucze do rozwoju człowieka nie tylko w przyszłości, ale także obecnie

Współczucie i miłość można zdefiniować jako pozytywne myśli i uczucia, które przyczyniają się do powstania tak istotnych dla życia wartości, jak: nadzieja, odwaga, zdecydowanie i wewnętrzna siła. Przyszłe powodzenie bądź klęska ludzkości zależy przede wszystkim od woli i determinacji obecnego pokolenia. Jeśli sami nie zrobimy użytku z władz, jakimi dysponujemy, czyli z woli i inteligencji, to nikt inny nie zagwarantuje nam przyszłości – naszej i następnych pokoleń. To nie podlega dyskusji. Nie możemy zrzucać całej odpowiedzialności na polityków bądź inne osoby postrzegane jako odpowiedzialne za zmiany na świecie. My sami także musimy wziąć na siebie część odpowiedzialności. Jednostka zaczyna przejawiać inicjatywę tylko wtedy, gdy uznaje swą osobistą odpowiedzialność. Samo narzekanie nie wystarcza. By doszło do autentycznej zmiany, najpierw powinna dokonać się ona w jednostce, która dopiero potem może starać się wnieść swój wkład w rozwój ludzkości. Altruizm nie jest tylko ideałem religijnym – jest palącą potrzebą ludzkości w ogóle. Czy to jest jasne? Czy coś w tym, co powiedziałem wzbudza wasz niepokój?

Kolejne pytanie, jakie się nasuwa, brzmi: „Czy w ogóle można obudzić w sobie współczucie i życzliwość?". Innymi słowy, czy istnieje sposób, dzięki któremu można wzmocnić pozytywne cechy umysłu, a wyeliminować gniew, nienawiść i zawiść? Odpowiedź brzmi: „Stanowczo tak!". Nawet jeśli się teraz ze mną nie zgadzacie, bądźcie otwarci na tę możliwość. Przeprowadzimy razem kilka doświadczeń, a potem być może znajdziemy rozwiązania.

Na podstawie własnego ograniczonego doświadczenia żywię przekonanie, że poprzez stały trening można zmienić własny umysł. Innymi słowy, nasze pozytywne postawy, myśli i poglądy mogą być wzmocnione, a ich negatywne odpowiedniki – zredukowane. Jest to możliwe, ponieważ pojawienie się nawet pojedynczego stanu umysłu jest wyznaczone wieloma czynnikami. Kiedy czynniki te ulegają zmianie, umysł także się zmienia. Taka jest prawda o naturze umysłu.

Pozwolę sobie teraz omówić kilka innych korzyści płynących ze współczucia i życzliwości, które, być może, nie są dla nas tak oczywiste. Jak już wcześniej wyjaśniałem, z perspektywy pojazdów istot ludzkich i boskich ostatecznym celem istnienia jest osiągnięcie pomyślnego odrodzenia w następnym życiu. Jest to cel, który można osiągnąć, powstrzymując się od czynów, które przynoszą szkodę innym. Dlatego stwierdzamy, że w kontekście nawet takiego celu, współczucie i życzliwość stanowią podstawę.

Ponadto takie aspekty ludzkiego życia, jak długowieczność, dobre zdrowie, pomyślność, szczęście itd., które uważamy za godne pożądania, wszystkie one zależą od naszego współczucia. To podstawowa cecha ludzkiej natury. Jasne jest także, że dla bodhisattwy, który dąży do zrealizowania praktyki *sześciu doskonałości** – szczodrości, dyscypliny etycznej, cierpliwości, radosnego wysiłku, skupienia i mądrości – niezwykle ważne jest współdziałanie z towarzyszącymi mu czującymi istotami oraz żywienie dla nich współczucia.

Dochodzimy do wniosku, że współczucie i życzliwość tworzą fundament naszego powodzenia w tym życiu, naszego rozwoju na duchowej ścieżce oraz spełnienia się naszego ostatecznego dążenia: osiągnięcia pełnego oświecenia. Stąd też współczucie i życzliwość są ważne nie tylko na początku, ale także w trakcie i u kresu ścieżki.

Ich wartość jest niezbędna i uniwersalna – nie ogranicza się do jednego konkretnego czasu, miejsca, społeczeństwa czy kultury.

Ponieważ współczucie i życzliwość można rozwijać poprzez stały i świadomy wysiłek, ważne jest, abyśmy rozpoznali sprzyjające warunki, które przyczyniają się do wykształcenia owych pożądanych cech, jak również okoliczności niesprzyjające, które utrudniają nam ich doskonalenie. Ważne jest zatem, abyśmy zachowywali w życiu stałą uważność i czujność umysłu. Powinniśmy osiągnąć w tym taką biegłość, aby zawsze, gdy pojawia się nowa sytuacja, umieć niezwłocznie rozpoznać, czy dane okoliczności sprzyjają rozwojowi współczucia i życzliwości czy też nie. Praktykując w taki sposób, będziemy w stanie stopniowo łagodzić skutki negatywnych nawyków, a rozwijać pozytywne.

2

Rozpoznawanie wroga w sobie

Największą przeszkodą w doskonaleniu współczucia i życzliwości jest egoizm: dbanie tylko o własne dobro i korzyści, przy jednoczesnym pomijaniu dobra innych. Takie skupianie się na sobie jest podstawą większości zwykłych stanów umysłu zarówno w świecie ludzi, jak i w innych stanach istnienia w sansarze. Tym samym stanowi ono przyczynę wszelkich powodujących cierpienie złudzeń. Dlatego pierwszym zadaniem osoby rozwijającej swe współczucie i życzliwość powinno być zrozumienie destrukcyjnej natury złudzeń oraz sposobu, w jaki prowadzą one do niepożądanych konsekwencji.

Przywołam cytat pochodzący z *Bodhiczarjawatary*, który będzie pomocny przy rozważaniu destrukcyjnej natury złudzeń. W rozdziale czwartym, zatytułowanym „Czujność", Śantidewa wyjaśnia, że to tkwiące w naszych umysłach złudzenia w rodzaju nienawiści, gniewu, przywiązania i zazdrości są naszymi prawdziwymi wrogami. Śantidewa stwierdza, że owi wrogowie nie mają fizycznych ciał – rąk i nóg – nie dzierżą też żadnej broni. Tkwią oni w naszych umysłach i niszczą nas od wewnątrz! Kontrolując nasze postępowanie, robią z nas swoich niewolników. Normalnie jednak nie uświadamiamy sobie, że owe złudzenia są naszymi wrogami, nigdy zatem nie stawiamy im czoła. Dlatego tkwią niezagrożone w naszym umyśle i nieprzerwanie nas krzywdzą.

Tacy wrogowie jak nienawiść i żądza
Nie mają ani ramion, ani nóg,
Nie są ani mężni, ani mądrzy.
Jakże więc mnie zniewalają?

Zamieszkują w moim umyśle,
Swobodnie wyrządzają mi szkodę,
Niemniej znoszę to cierpliwie i bez złości.
Nie czas jednak na cierpliwość[2].

Negatywne myśli i emocje są często zwodnicze. Wydaje się na przykład, że pożądanie jest naszym zaufanym przyjacielem, wspaniałym i drogim. Podobnie gniew i nienawiść zdają się być obrońcami i niezawodnymi strażnikami. Czasami, owszem, gdy ktoś chce nas skrzywdzić, gniew, który rodzi się w nas w odruchu obrony, daje nam siłę. Chociaż możemy być słabsi fizycznie od naszych napastników, gniew sprawi, że poczujemy się wówczas silniejsi. Daje nam jednak fałszywe poczucie siły i energii, co w tym wypadku może skończyć się tym, że zostaniemy pobici. Ponieważ sposób przejawiania się gniewu i innych destrukcyjnych emocji jest tak zwodniczy, nigdy faktycznie ich nie kwestionujemy. Istnieje wiele podobnych sposobów zwodzenia nas przez negatywne myśli i emocje. Aby w pełni zdać sobie sprawę z ich zdradliwości, powinniśmy najpierw osiągnąć stan uspokojenia umysłu. Tylko wówczas zaczniemy dostrzegać destrukcyjną naturę negatywnych myśli i emocji.

---

[2] Rozdz. 4, strofy 28–29. Wszystkie cytaty z *Bodhiczarjawatary* pochodzą ze wspomnianego już przekładu Stephena Batchelora (*A Guide to the Bodhisattva's Way of Life)* poddanego niewielkim modyfikacjom tam, gdzie to było konieczne.

Jeśli przyjrzymy się historii ludzkości, zauważymy, że kluczem do wielkich dokonań, wielkich przynajmniej w oczach świata, na przykład w zakresie praw obywatelskich, działalności społecznej, wolności politycznej, religii itd., była ludzka życzliwość. Szczerość poglądów i motywacji nie należą wyłącznie do sfery religii. Każdy może je sobą reprezentować, autentycznie troszcząc się o innych, o własne społeczeństwo, o biednych i potrzebujących. Pozytywne aspekty umysłu powstają w wyniku dogłębnego zainteresowania i troski o dobro większej wspólnoty, to jest o dobro innych. Czyny wypływające z takich motywacji przejdą do historii jako czyny chwalebne, dokonane w służbie ludzkości. Gdy dzisiaj czytamy o takich czynach w podręczniku historii, odczuwamy radość i pokrzepienie, mimo że wydarzenia te należą już do przeszłości, są tylko wspomnieniem. Z głębokim podziwem wspominamy osobę, która dokonała wielkiego i szlachetnego dzieła.

Z drugiej strony, nasza historia obfituje w opowieści o jednostkach dopuszczających się najbardziej destrukcyjnych i szkodliwych czynów: zabijania i tortur, o osobach sprowadzających nieszczęścia i niewypowiedziane cierpienia na ogromną rzeszę ludzi. Na takie karty w historii ludzkości można spojrzeć jak na odzwierciedlenie ciemniejszej strony dziedzictwa człowieka. Do negatywnych wydarzeń dochodzi tylko wtedy, gdy pojawia się nienawiść, gniew, zawiść i bezgraniczna żądza. Historia świata jest zapisem skutków negatywnych i pozytywnych myśli istot ludzkich. Sądzę, że jest to zupełnie jasne. Zastanawiając się nad owymi wydarzeniami z przeszłości, zaczynamy rozumieć, że jeśli chcemy mieć szczęśliwszą przyszłość, to właśnie teraz jest czas, aby przyjrzeć się sposobom myślenia dzisiejszego pokolenia i zastanowić się nad następstwami, jakie mogą one przynieść w przyszłości. Nie należy wzmacniać negatywnych postaw.

Pomimo tego, że jestem mnichem i staram się praktykować nauki *Bodhiczarjawatary*, ciągle jeszcze od czasu do czasu zdarza mi się wpaść w irytację czy gniew, w rezultacie czego zwracam się do innych, używając szorstkich słów. Po chwili, gdy gniew minie, czuję zakłopotanie. Gniewne słowa zostały już jednak wypowiedziane, nie ma sposobu, aby je cofnąć. Chociaż głos już przebrzmiał, działanie słów trwa nadal. Dlatego jedyne, co mogę wtedy zrobić, to pójść do danej osoby i ją przeprosić. Czyż nie tak? Nim dojdzie do przeprosin, odczuwam jednak lęk i zażenowanie. To dowodzi, że nawet krótkotrwały gniew i irytacja przyczyniają się do powstania cierpienia i pomieszania w umyśle sprawcy. Nie wspominając już o krzywdzie wyrządzonej bezpośrednio osobie, na którą gniew był skierowany. Tak więc negatywne stany umysłu zaćmiewają naszą inteligencję i zdolność osądzania, wywołując wiele szkód.

Jedną z najlepszych cech człowieka jest jego rozsądek, który pozwala mu osądzić, co jest dobre, a co złe, co jest korzystne, a co szkodliwe. Negatywne stany umysłu, takie jak gniew i silne przywiązanie, niszczą tę szczególną umiejętność. Jest to naprawdę bardzo smutne. Gdy gniew i przywiązanie zdominują umysł, owładnięta nimi osoba staje się niemal szalona, a jestem pewien, że nikt nie chce być szalony. Pod wpływem tych emocji jesteśmy w stanie popełnić każdy rodzaj czynu – często o dalekosiężnych destrukcyjnych konsekwencjach. Osoba pochwycona przez negatywny stan umysłu jest jak ślepiec, który nie widzi, dokąd idzie. Mimo to nie sprzeciwiamy się myślom i emocjom, które prowadzą niemal do obłędu. Wręcz przeciwnie, często pielęgnujemy je i wzmacniamy! Czyniąc tak, stajemy się ofiarami ich destrukcyjnej siły. Musimy uświadomić sobie, że nasz prawdziwy wróg nie znajduje się poza nami. On jest w nas.

Pozwólcie, że dam inny przykład. Gdy mamy umysł wyćwiczony w wewnętrznej dyscyplinie, wówczas nawet w otoczeniu wrogów trudno jest zakłócić jego spokój. Z drugiej strony, nasze negatywne myśli i emocje łatwo mogą naruszyć spokój naszego umysłu. Dlatego powtarzam raz jeszcze: prawdziwy wróg znajduje się wewnątrz, a nie na zewnątrz. Zwykle za wroga uważamy kogoś, o kim sądzimy, że krzywdzi nas lub kogoś, kogo kochamy. Taki wróg jest jednak względny i nietrwały. W jednej chwili dana osoba może działać jak wróg, w innym momencie może stać się naszym najlepszym przyjacielem. Jest to prawda, której często doświadczamy we własnym życiu. Ale negatywne myśli i emocje – nasz wewnętrzny nieprzyjaciel – zawsze będą nam szkodzić. Negatywne stany umysłu są naszym wrogiem dzisiaj, były naszym wrogiem w przeszłości i będą naszym wrogiem w przyszłości – dopóty, dopóki będą tkwiły w naszych umysłach. Właśnie dlatego Śantidewa mówi, że prawdziwym wrogiem są negatywne myśli i emocje i że wróg ten znajduje się w nas samych.

Ten wewnętrzny wróg jest niezwykle niebezpieczny. Destrukcyjny potencjał zewnętrznego nieprzyjaciela jest bardzo ograniczony w porównaniu z jego wewnętrznym odpowiednikiem. Ponadto przed zewnętrznym wrogiem często można obronić się fizycznie. Na przykład w przeszłości, mimo ograniczonych zasobów materialnych i stosunkowo niewielkich możliwości technicznych, ludzie bronili się, budując wielkie warownie i zamki otoczone pierścieniami murów. Dzisiaj, w epoce atomowej, tego typu środki obrony są przestarzałe. W czasach, gdy każdy kraj jest potencjalnym celem atomowego ataku, ludzie w dalszym ciągu pracują nad rozwojem coraz bardziej skomplikowanych systemów obrony. Program strategicznej obrony zainicjowany przez Stany Zjednoczone, znany jako „Gwiezdne Wojny", stanowi typowy przykład. U podstaw jego rozwoju ciągle leży stare przeświadczenie, że możemy w końcu stworzyć taki system, który zapewni nam całkowitą ochronę. Nie wiem, czy stworzenie systemu obrony gwarantującego całemu światu zabezpieczenie przed wszelkimi zewnętrznymi destrukcyjnymi siłami będzie kiedykolwiek możliwe. Niemniej jedno jest pewne: dopóki owi niosący zniszczenie wewnętrzni wrogowie są pozostawieni samym sobie i nikt przeciw nim nie występuje, dopóty zagrażać nam będzie fizyczna zagłada. W rzeczywistości bowiem destrukcyjna moc zewnętrznego wroga ostatecznie wywodzi się właśnie z siły wrogów wewnętrznych. To wewnętrzny wróg wyzwala destrukcyjną siłę wroga zewnętrznego.

Jedyną skuteczną metodą zwalczenia wewnętrznego wroga jest osiągnięcie głębokiego wglądu i zdanie sobie sprawy z natury umysłu. Zawsze mówię ludziom, że umysł jest bardzo złożonym systemem. Według buddyjskiej filozofii istnieje wiele typów umysłu czy też świadomości. Nauka rozkłada materię na cząstki, które konstytuują jej istnienie. Wykorzystujemy potencjał różnych molekularnych i chemicznych związków i atomowych struktur, które stanowią dla nas wartość, jednocześnie pomijając bądź w niektórych wypadkach rozmyślnie eliminując te, które nie mają użytecznych dla nas własności. Takie dyskryminujące podejście prowadzi do interesujących wyników. Gdyby ludzie tyle samo uwagi poświęcali analizowaniu swej wewnętrznej rzeczywistości – świata doświadczenia i zjawisk umysłu – odkryliby, że istnieje mnóstwo stanów różniących się sposobem ujmowania przedmiotu, przedmiotem, na który są ukierunkowane, stopniem intensywności zaangażowania w ujmowany przedmiot, charakterystyką fenomenologiczną itd. Niektóre aspekty umysłu są użyteczne i korzystne, a więc powinniśmy je prawidłowo rozpoznawać i wzmacniać ich potencjał. Gdy w trakcie badania odkrywamy, że inne stany umysłu są złe, gdyż sprowadzają na nas cierpienie i kłopoty, powinniśmy wówczas – tak jak czynią to naukowcy – zdać sobie sprawę ze znaczenia tego spostrzeżenia i szukać sposobu na wykorzenienie owych stanów. Postępowanie takie naprawdę bardzo się opłaca. Powinno być przedmiotem największej troski w naszej praktyce Dharmy. Przypomina ono nieco otwieranie czaszki i przeprowadzanie eksperymentów na mózgu, aby określić, w których komórkach nerwowych przebiegają procesy wywołujące w nas radość, a w których – niepokój. Śantidewa mówi nam, że dopóki owi wewnętrzni wrogowie są pozostawieni w spokoju, dopóty grozi nam wielkie niebezpieczeństwo.

Dalej Śantidewa uczy, że nawet gdyby wszyscy w świecie mieli stanąć przeciw nam jako wrogowie, to dopóki nasz umysł pozostaje zdyscyplinowany i wyciszony, dopóty nie będą w stanie zakłócić naszego spokoju – ale jedno jedyne złudzenie powstałe w naszym umyśle ma moc zakłócenia owego spokoju i wewnętrznej równowagi.

Nawet gdyby wszyscy bogowie i ludzie
Stanęli przeciwko mnie jako wrogowie,
Nie byliby w stanie mnie wciągnąć
W trzaskające ognie najgłębszego z piekieł.

Ale potężny wróg – zakłócające pojęcia,
W jednej chwili wrzuca mnie w (płomienie),
Których dotyk sprawia, że nawet z króla gór
Nie pozostaje popiół[3].

Śantidewa stwierdza także, iż jedną z istotnych różnic między zwykłym wrogiem a złudzeniami jest to, że gdy ktoś odnosi się po przyjacielsku i ze zrozumieniem do zwykłego wroga, wówczas może czasami zmienić go w przyjaciela. Do złudzeń natomiast nie można odnieść się w podobny sposób. Im bardziej życzliwie się do nich odnosimy, tym bardziej stają się one zgubne.

Jeśli z życzliwością powierzam się innym,
Obdarzą mnie oni dobrami i szczęściem;
Jeśli jednak powierzam się zakłócającym pojęciom,
W przyszłości sprowadzą one na mnie tylko nieszczęście i szkody[4].

Jak już wspominałem, ćwicząc umysł i doskonaląc wewnętrzną dyscyplinę, możecie zmienić swoje postrzeganie rzeczywistości, a w ten sposób także swoje postępowanie. Spójrzmy na przykład na mnie. Tybetańczyków pochodzących z Amdo uważa się w moim

---

[3] Rozdz. 4, strofy 30–31.
[4] Rozdz. 4, strofa 33.

kraju za popędliwych. Gdy ktoś traci panowanie nad sobą, ludzie często odczytują to jako znak, że mają do czynienia z mieszkańcem Amdo. Jest to region, z którego pochodzę. Jednak gdy teraz porównuję swój temperament z tym, jaki miałem między piętnastym a dwudziestym rokiem życia, dostrzegam wyraźną zmianę. Dzisiaj nieprędko popadam w irytację, a nawet gdy mi się to zdarza, stan taki nie trwa długo. To cudowne dobrodziejstwo – obecnie zawsze jestem dość pogodny. Sądzę, że jest to rezultat mojej medytacyjnej praktyki. Przed laty opuściłem swój kraj i stałem się całkowicie zależny od dobrej woli innych. Straciłem też matkę, a i wielu z moich nauczycieli i guru już odeszło – chociaż obecnie mam kilku nowych. Oczywiście, gdy myślę o tych tragicznych wydarzeniach, czuję smutek. Niemniej nie pogrążam się w tym uczuciu. Stare, znajome twarze znikły i pojawiły się nowe, a ja ciągle zachowuję radość i spokój umysłu. Owa zdolność widzenia zdarzeń z szerszej perspektywy jest dla mnie jednym z cudów ludzkiej natury.

Dopóki pozostajemy pod wpływem złudzeń i powodującej je niewiedzy, nie ma możliwości osiągnięcia autentycznego, trwałego szczęścia. Jest to, jak sądzę, naturalne. Jeśli czujecie się tą prawdą głęboko poruszeni, reakcją będzie poszukiwanie stanu wolności od niewiedzy – nirwany. Zwłaszcza gdy jesteście mnichami bądź mniszkami, powinniście ukierunkować swoje życie na osiągnięcie nirwany, czyli prawdziwego wyzwolenia. Tak więc, jeśli możecie pozwolić sobie na to, aby całkowicie poświęcić się praktyce Dharmy, powinniście zastosować w swoim życiu metody duchowego rozwoju, które prowadzą do osiągnięcia stanu wolności. Jeśli jednak, tak jak ma to miejsce w moim wypadku, nie dysponujecie wystarczającą ilością czasu, wtedy jest to dość trudne, czyż nie? Wiem, że jednym z powodów, jakie powstrzymują mnie przed pełnym zaangażowaniem się w praktykę, jest moje lenistwo. Jestem raczej leniwym dalajlamą, leniwym Tenzinem Giaco! Nawet jeśli nie możecie wieść prostego życia polegającego na praktykowaniu Dharmy, niezwykle korzystne będzie – na tyle, na ile to możliwe – choćby rozważanie owych nauk i czynienie starań, aby wszelkie niepomyślne okoliczności i przeszkody uważać za przejściowe. Pojawiają się one i zaraz zanikają, jak fale na wodzie. Dopóki nasze życie jest karmicznie warunkowane, charakteryzuje się wiecznym nawrotem problemów, które powstają, a następnie znikają. Problem pojawia się i znika, ale zaraz wyłania się następny. Problemy ciągle przychodzą i odchodzą. Jednakże kontinuum naszej świadomości – na przykład świadomość Tenzina Giaco – nie ma początku. Mimo że stale przepływa, nieustannie, dynamicznie się zmienia, podstawowa natura świadomości pozostaje niezmienna. Taka jest nasza uwarunkowana egzystencja i zdanie sobie sprawy z tej prawdy pozwala mi konstruktywnie odnosić się do rzeczywistości. Takie realistyczne spojrzenie pomaga mi zachować spokój. Tak myśli bhikszu Tenzin Giaco. Z własnego doświadczenia wiem, że umysł można wyćwiczyć, a dzięki temu dokonać w sobie głębokich zmian. To jest pewne.

Pomimo dużego wpływu i destrukcyjnego potencjału, na niejednym polu wewnętrzny wróg jest słabszy od wroga zewnętrznego. Śantidewa wyjaśnia w *Bodhiczarjawatarze*, że aby pokonać zwykłych wrogów, potrzebna jest siła fizyczna i broń. Nieraz trzeba bardzo wiele wydać na broń, aby się im przeciwstawić. Żeby jednak zwalczyć wroga w sobie – nasze zakłócające wyobrażenia – powinniśmy rozwinąć mądrość, która pozwoli nam uświadomić sobie naturę zjawisk. Nie potrzebujemy żadnej materialnej broni ani fizycznej siły. Taka jest prawda.

> Złudne zakłócające pojęcia! Rozpoznane okiem mądrości
> I usunięte z mojego umysłu, dokąd się udacie?
> Gdzie znajdziecie siedzibę, z której będziecie znów mi szkodzić?
> A jednak z głupoty nie czynię żadnych wysiłków[5].

---

[5] Rozdz. 4, strofa 46.

Gdy nieżyjący już Kunu Lama Rinpocze udzielał mi nauk na temat tego tekstu, powiedziałem mu, że *Bodhiczarjawatara* przedstawia złudzenia jako nieznaczące i słabe, co nie jest prawdą. Rinpocze odparł mi od razu, że aby zniszczyć złudzenia, niepotrzebna jest bomba atomowa – i to właśnie ma na myśli Śantidewa. Nie potrzebujemy drogiej i skomplikowanej broni, aby zniszczyć wewnętrznego wroga. Powinniśmy jedynie rozwijać mocne postanowienie pokonania go dzięki rozwijaniu mądrości: świadomości prawdziwej natury swego umysłu. Musimy także dogłębnie zrozumieć zarówno względną naturę negatywnych myśli i emocji, jak również ostateczną naturę wszelkich zjawisk. W buddyjskich pismach doświadczenie to określa się jako *prawdziwy wgląd w naturę pustki.*

Śantidewa wspomina jeszcze o innym słabym punkcie wewnętrznego wroga. W przeciwieństwie do wroga zewnętrznego, wróg wewnętrzny nie może powrócić, gdy już zostanie wyparty.

3

Przezwyciężanie gniewu i nienawiści

Omówiliśmy już zwodniczą i destrukcyjną naturę złudzeń. Nienawiść i gniew są dla osoby praktykującej bodhicittę największymi przeszkodami. Bodhisattwowie nigdy nie powinni żywić nienawiści, zawsze powinni jej przeciwdziałać. Temu celowi służy praktyka cierpliwości i tolerancji. Śantidewa rozpoczyna szósty rozdział swojego tekstu, zatytułowany „Cierpliwość", od wyjaśnienia sposobu, w jaki gniew i nienawiść szkodzą nam obecnie i w jaki będą szkodzić także w przyszłości, również poprzez niszczenie nagromadzonej zasługi. Ponieważ osoba praktykująca cierpliwość musi przeciwdziałać nienawiści i ją przezwyciężać, Śantidewa najpierw podkreśla konieczność rozpoznania czynników, które wywołują gniew i nienawiść. Gdy jesteśmy nieszczęśliwi i niezadowoleni, łatwo popadamy we frustrację, a to prowadzi do narastania gniewu.

Śantidewa naucza, że ćwicząc się w cierpliwości, powinniśmy zapobiegać powstawaniu poczucia braku szczęścia, jakie pojawia się, gdy odczuwamy zagrożenie lub czujemy, że zagrożeni są nasi bliscy, bądź gdy spotyka nas jakieś niepowodzenie lub inni utrudniają nam realizację naszych celów. Poczucie niezadowolenia pojawiające się w takich sytuacjach jest paliwem, które podsyca gniew. Tak więc ważne jest, aby od samego początku nie dopuszczać do sytuacji, w których niesprzyjające okoliczności mogłyby zakłócić spokój naszego umysłu.

Śantidewa podkreśla, że powinniśmy, używając wszelkich środków, jakimi dysponujemy, przeciwdziałać nienawiści i eliminować ją już w zarodku. To bardzo doniosła rada.

> Znalazłszy paliwo w niezadowoleniu
> Z braku tego, czego pragnę,
> I z powodu robienia tego, czego nie chcę,
> Powstaje nienawiść, która mnie niszczy[6].

Jeżeli kluczowym czynnikiem zapobiegającym powstaniu nienawiści jest utrzymywanie umysłu w stanie równowagi i w poczuciu szczęścia nawet w obliczu przeciwności losu, warto zapytać, jak to osiągnąć. Śantidewa twierdzi, że gdy stoimy w obliczu niesprzyjających okoliczności, zamartwianie się nie pomaga w poprawie sytuacji. Jest ono nie tylko daremne, ale w gruncie rzeczy wzmaga tylko niepokój, wywołując niezadowolenie i niepewność. Tracimy panowanie nad sobą. Coraz bardziej trawi nas niepokój, wpływając także na nasz sen, apetyt – na stan naszego zdrowia. Jeśli to zewnętrzny wróg wyrządził nam krzywdę, nasze poczucie nieszczęścia może stać się nawet źródłem zadowolenia dla tej osoby! Dlatego, stojąc w obliczu niesprzyjających okoliczności, nie warto się zamartwiać i popadać w niezadowolenie bądź odwzajemniać się tym samym osobie, która nam szkodzi.

Dalej Śantidewa argumentuje, że jeśli problem można rozwiązać, to nie ma potrzeby nadmiernie się niepokoić i kłopotać. Z drugiej strony, jeśli nie można nic zrobić, aby przezwyciężyć trudności, zamartwianie się i tak jest bezużyteczne. Tak czy owak, popadanie w przygnębienie nie jest właściwą reakcją.

---

6 Rozdz. 6, strofa 7.

Istnieją dwa typy gniewu powstające z poczucia nieszczęścia i niezadowolenia. Z pierwszym mamy do czynienia, gdy ktoś wyrządza nam krzywdę. Odczuwamy wtedy niezadowolenie i wpadamy w złość. Potrafimy jednak wpaść w gniew także wówczas, gdy żadna osoba bezpośrednio nas nie krzywdzi – gdy widzimy sukcesy i powodzenie naszych wrogów. To drugi rodzaj gniewu.

Podobnie można wyróżnić dwa typy powodowanego przez innych zła. Typ pierwszy to wyrządzana przez innych bezpośrednia krzywda fizyczna, której mamy świadomość. Typ drugi to szkody w naszych dobrach materialnych, reputacji, przyjaźniach itd. Chociaż nie są to bezpośrednie ataki na nasze ciało, to jednak one też dotkliwie ranią. Gdy ktoś uderza nas kijem, czujemy ból i wpadamy w gniew. Nie gniewamy się jednak na narzędzie zadające ból – to jest na kij, nieprawdaż? Co dokładnie jest przedmiotem naszego gniewu? Gdyby właściwym było odczuwanie gniewu na czynnik, który zainicjował czynność uderzenia, to powinniśmy czuć złość nie wobec osoby, lecz wobec negatywnych emocji, które pchnęły ją do działania. Zwykle jednak nie czynimy takich rozróżnień. Zamiast tego całkowitą odpowiedzialność składamy na osobę – element pośredniczący między negatywnymi emocjami a samym czynem! I żywimy urazę do osoby – a nie do kija i złudzeń, które nią kierowały.

Powinniśmy być także świadomi, że ponieważ mamy fizyczne ciało, które jest wrażliwe na ból zadany uderzeniem kija, to po części także nasze własne ciało przyczynia się do doświadczania przez nas bólu. Doświadczamy nieraz fizycznego cierpienia nawet wtedy, gdy brak jego zewnętrznych przyczyn. Jest więc jasne, że tego typu doświadczenie powstaje w rezultacie wzajemnych oddziaływań między naszym ciałem a różnymi zewnętrznymi czynnikami.

Zastanówmy się teraz nad rzeczą następującą: jeśli wyrządzanie krzywdy leży w naturze osoby nas krzywdzącej, to czy jest sens gniewać się na nią, skoro ani my, ani ta osoba nie możemy zrobić nic, aby zmienić tę naturę? Jeśli krzywdzenie jest faktycznie naturą tej osoby, to ona po prostu nie może działać inaczej. Śantidewa tak to wyraził:

> Nawet gdyby naturą głupców było
> Krzywdzenie innych istot,
> Gniewanie się na nich byłoby w dalszym ciągu niewłaściwe.
> Przypominałoby bowiem złoszczenie się na ogień za to, że jego naturą jest spalanie[7].

Z drugiej strony, jeśli krzywdzenie nie stanowi natury jakiejś osoby, lecz przeciwnie, jej pozornie zły charakter jest przelotny i związany z okolicznościami, to w dalszym ciągu nie ma żadnej potrzeby złoszczenia się na tę osobę, ponieważ problem jest związany wyłącznie z pewnymi bezpośrednimi warunkami i okolicznościami. Czyniący zło mógł na przykład stracić panowanie nad sobą i uczynić nam krzywdę, chociaż w rzeczywistości wcale nie chciał nam zaszkodzić. Również w ten sposób można rozważać ten problem.

Gdy złościmy się na tych, którzy nie wyrządzają nam bezpośrednio żadnej fizycznej krzywdy, ale nastają na naszą sławę, pozycję, dobra materialne, powinniśmy myśleć: „Dlaczego miałbym się złościć?". Przeanalizujmy naturę tego, czego się nam odmawia – na przykład sławy – i dokładnie zbadajmy, czy płynące z niej korzyści są nam niezbędne. Odkryjemy, że nie są. A skoro tak, dlaczego mielibyśmy gniewać się na osobę, która zabiera nam coś, co nie jest nam niezbędne? Takie myślenie jest bardzo pożyteczne.

Kiedy widząc sukces i powodzenie naszych wrogów, w rezultacie cierpienia, jakie się wtedy rodzi, popadamy w złość, powinniśmy pamiętać, że nasz gniew, złość czy zmartwienie nie wpływa na powodzenie tej osoby. Dlatego, nawet z tego punktu widzenia, uleganie negatywnym stanom jest bezcelowe.

---

[7] Rozdz. 6, strofa 39.

Oprócz cierpliwości praktykujący, dla których tekst Śantidewy stanowi inspirację, dążą też do rozwinięcia bodhiczitty – altruistycznej postawy polegającej na postanowieniu osiągnięcia oświecenia dla dobra wszystkich czujących istot. Praktykujący starają się rozwijać współczucie i zmienić swój sposób myślenia. Jeśli pomimo praktyki w dalszym ciągu zamartwiają się oni życiowym powodzeniem swoich wrogów, powinni pamiętać, że nie jest to postawa odpowiednia dla osoby praktykującej bodhiczittę. Jeśli negatywna postawa się utrzymuje, to przekonanie: „Praktykuję bodhiczittę; jestem kimś, kto żyje zgodnie z regułami dotyczącymi przekształcania umysłu" traci sens. Osoba prawdziwie praktykująca bodhiczittę powinna radować się, że inni potrafią osiągnąć coś bez niczyjej pomocy. Zamiast zamartwiać się i popadać w nienawiść, powinna cieszyć się z sukcesów innych.

Jeśli rozpatrzymy sprawę na jeszcze głębszym poziomie, zauważymy, że gdy wrogowie nas krzywdzą, to w istocie możemy czuć wobec nich wdzięczność. Sytuacje takie dostarczają nam bowiem rzadkiej sposobności sprawdzenia skuteczności swej praktyki cierpliwości. Dotyczy to także innych ideałów bodhisattwy. W rezultacie w takich sytuacjach mamy sposobność gromadzenia zasługi. Ponadto nasz nieszczęsny wróg z powodu negatywnych działań powodowanych gniewem czy nienawiścią, a polegających na krzywdzeniu innych, i tak musi ostatecznie stawić czoło konsekwencjom swoich działań. Wygląda to niemal tak, jakby krzywdząca osoba niemal składała się w ofierze dla naszych korzyści. Ponieważ nagromadzenie zasługi podczas praktyki cierpliwości było możliwe tylko dzięki sposobności, jaką stworzył nam nasz wróg, powinniśmy zadedykować swoją zasługę jego powodzeniu. Dlatego *Bodhiczarjawatara* naucza o życzliwości naszego wroga.

Chociaż z jednej strony możemy doceniać korzyści, jakie płyną dla nas z działań wroga, to z drugiej zauważamy, że życzliwość wobec nas nie była jego intencją. Dlatego sądzimy, że nie ma potrzeby, abyśmy w ogóle o niej pamiętali. Ale jeśli do tego, żeby coś poważać i cenić, niezbędne jest, aby przedmiot tych uczuć cechował się świadomą intencją, to także w odniesieniu do innych sytuacji argument ten powinien mieć zastosowanie. Na przykład Prawda o rzeczywistym ustaniu cierpienia i Prawda o autentycznej ścieżce wiodącej do ustania cierpienia nie ujawniają ze swej strony świadomej intencji powodowania czyjejś korzyści. Jednakże w dalszym ciągu poważamy te nauki i czcimy. Dlaczego? Ponieważ mimo wszystko czerpiemy z nich korzyści. Jeżeli korzyści usprawiedliwiają naszą cześć i szacunek dla Szlachetnych Prawd, choć nie ujawniają one żadnej intencji, to ta sama argumentacja winna się odnosić również do zewnętrznego wroga.

Możecie jednakże uważać, że istnieje ogromna różnica pomiędzy osobowym wrogiem a dwoma Prawdami: rzeczywistym ustaniem i autentyczną ścieżką. W przeciwieństwie do dwóch Prawd, wróg świadomie kieruje się wolą wyrządzenia nam krzywdy. Ale różnica ta nie stanowi wystarczającego powodu, aby nie szanować wroga. W rzeczywistości jest to dodatkowy argument, aby darzyć go czcią i być mu wdzięcznym. Doprawdy, to jest właśnie ów szczególny czynnik, który decyduje o wyjątkowości naszego nieprzyjaciela. Jeśli samo zadawanie fizycznego bólu byłoby wystarczającym powodem, aby uznać kogoś za wroga, to powinniście za wroga uważać swojego lekarza, bo on także często sprawia wam ból w trakcie leczenia. Zatem jako osoby autentycznie praktykujące współczucie i bodhicittę musicie rozwijać cierpliwość. A do tego, aby ją szczerze praktykować i doskonalić, potrzebujecie kogoś, kto świadomie was krzywdzi. Tacy ludzie stwarzają bowiem realną sposobność do praktykowania owych postaw. Testują waszą wewnętrzną siłę w sposób, w jaki nie zrobi tego nawet wasz guru. Nawet Budda nie dysponuje takim potencjałem. *Jedynie wróg* stwarza taką niebywałą okazję. Jest to wniosek godny uwagi, nieprawdaż? Myśląc w ten sposób, rozwiniecie w sobie rodzaj niezwykłego szacunku wobec swych wrogów. Takie jest podstawowe przesłanie szóstego rozdziału dzieła Śantidewy.

Gdy przyjmiecie postawę autentycznego szacunku dla swego wroga, łatwo będziecie mogli usunąć większość z głównych przeszkód utrudniających rozwijanie w sobie bezgranicznego altruizmu. Śantidewa wspomina w *Bodhiczarjawatarze*, że czujące istoty przyczyniają się do osiągnięcia wszechwiedzy w takim samym stopniu jak buddowie. Wszechwiedzę można zatem osiągnąć wyłącznie dzięki życzliwości zarówno czujących istot, jak i buddów.

Tym z nas, którzy twierdzą, że praktykują nauki Buddy Śakjamuniego, i którzy darzą szacunkiem ideały bodhisattwy, Śantidewa oznajmia, że żywienie urazy czy nienawiści do wrogów, podczas gdy wszyscy buddowie i bodhisattwowie w głębi swych serc kochają wszelkie czujące istoty, jest błędne. Przecież także nasi wrogowie należą do czujących istot. Jeśli żywimy urazę do tych, którzy są bliscy sercu buddów i bodhisattwów, przeczymy ideałom i doświadczeniu istot, które próbujemy gorliwie naśladować.

Nawet w codziennym życiu, im bardziej kogoś szanujemy i kochamy, tym większe okazujemy mu względy. Staramy się unikać działań, które mogą spotkać się z dezaprobatą naszych bliskich. Staramy się brać pod uwagę ich sposób myślenia, zasady itd. Skoro postępujemy tak nawet wobec zwykłych przyjaciół, to jako praktykujący ścieżkę bodhisattwy, co najmniej to samo winni jesteśmy buddom i bodhisattwom. Powinniśmy więc starać się nie żywić urazy do swoich wrogów.

Śantidewa kończy rozdział poświęcony cierpliwości wyjaśnieniem korzyści płynących z jej praktyki, które osiągniemy zarówno w przyszłości – w postaci wszechwiedzy – jak i w życiu codziennym – w postaci spokoju umysłu i radosnego życia.

Gdy praktykujemy cierpliwość w celu pokonania nienawiści i gniewu, ważne jest, abyśmy rozwijali w sobie moc radosnego wysiłku – umiejętnie ją doskonalili. Śantidewa objaśnia, że – tak jak musimy zachować uważność, gdy na przykład podczas wojny dążymy do zadania wrogowi maksymalnych strat, jednocześnie starając się uchronić przed jego atakiem – podobnie gdy przystępujemy do praktyki radosnego wysiłku, ważne jest, aby osiągnąć jak najlepsze rezultaty i przy tym mieć pewność, że nie będzie to przeszkodą w innych naszych praktykach.

4

Ja i inni – praca nad sobą dla dobra innych

W rozdziale *Bodhiczarjawatary* poświęconym medytacji możemy znaleźć objaśnienie praktyki doskonalenia bodhiczitty, czyli dążenia do osiągnięcia oświecenia dla dobra wszystkich czujących istot. Śantidewa opiera swoje nauki na *Drogocennym wieńcu* (*Ratnāvalī*)[8] Nagardżuny. Dlatego techniki służące doskonaleniu owego altruistycznego dążenia zostały wyjaśnione zgodnie z metodą *zrównywania siebie z innymi i wymieniania siebie na nich*[9].

Praktyka zrównywania siebie z innymi oznacza rozwijanie postawy wyrażającej się następującym rozumowaniem: „Tak jak ja pragnę szczęścia i chcę uniknąć cierpienia, tak tego samego pragną wszystkie inne żywe istoty, których liczba jest nieskończona jak przestrzeń – one także pragną szczęścia i chcą uniknąć cierpienia".

---

[8] Część tego dzieła przełożył z sanskrytu na angielski Giuseppe Tucci (*The Ratnāvali of Nāgārjuna*, JRAS, wyd. z 1934, s. 307–325 i wyd. z 1936, s. 237–252, 423–435). Natomiast pełny tekst *Ratnāvali* z wydania tybetańskiego przetłumaczyli Lati Rinpoche i Jeffrey Hopkins (*The Precious Garland of Advice for the King* [w:] Dalai Lama XIV Tenzin Gyatso i in., *The Buddhism of Tibet*, Snow Lion, Ithaca 1987, s. 105–206).

[9] Obszerne omówienie tej praktyki można znaleźć w: Dalai Lama XIV Tenzin Gyatso, *Path to Bliss: A Practical Guide to the Stages of Meditation*, Geshe Thupten Jinpa (tłum. i red.), Christine Cox (współred.), Snow Lion, Ithaca 1991, s. 61–74.

Śantidewa tłumaczy, że tak jak dążymy do własnego dobra, pragnąc zdobyć szczęście i ustrzec się cierpienia, tak samo powinniśmy też pracować dla dobra innych – aby pomóc im osiągnąć szczęście i wolność od cierpienia.

Śantidewa dowodzi, że chociaż nasze ciało składa się z różnych części – głowy, kończyn itd. – to gdy zachodzi potrzeba ich ochrony, nie czynimy między nimi żadnej różnicy, wszystkie one są bowiem częściami tego samego organizmu. Podobnie wszystkie czujące istoty ze swej natury dążą do osiągnięcia szczęścia i uwolnienia się od cierpienia – i w tej naturalnej dążności nie ma między nimi najmniejszej różnicy. Biorąc to pod uwagę, nie powinniśmy w swym dążeniu do szczęścia i przezwyciężenia cierpienia skupiać się na dzielących nas różnicach.

Należy się nad tym zastanowić i postarać się zmienić swoje widzenie siebie i innych jako odrębne byty. Pod względem pragnienia osiągnięcia szczęścia i uniknięcia cierpienia, nie ma przecież żadnej różnicy między nami a innymi. Odnosi się to również do naszego *naturalnego prawa do szczęścia*. Tak jak my mamy prawo, aby cieszyć się szczęściem i wolnością od cierpienia, tak samo wszystkie inne żywe istoty również je mają. Gdzie więc jest problem? Leży on w liczbie czujących istot, których dotyczy to prawo. Gdy mówimy o własnym szczęściu, chodzi nam o pomyślność tylko jednej osoby, podczas gdy dobro innych dotyczy pomyślności nieskończonej liczby istot. Patrząc z tego punktu widzenia, możemy zrozumieć, że dobro innych jest znacznie ważniejsze od naszego.

Gdyby nasze dobro i dobro innych były w ogóle z sobą niezwiązane i od siebie niezależne, moglibyśmy nie dbać o innych. Ale tak nie jest. Zawsze jestem związany z innymi i bardzo od nich zależę: gdy jestem zwykłą osobą, gdy podążam ścieżką Dharmy, a także wtedy, gdy osiągnąłem urzeczywistnienie. Jeśli myślimy w ten sposób, znaczenie pracy dla dobra innych ujawnia się naturalnie.

Powinniśmy także postawić sobie pytanie: czy pielęgnując swój egoizm i pozostając skupionymi na sobie, niejako na przekór temu, co właśnie powiedziałem, w dalszym ciągu będziemy mogli osiągnąć szczęście i spełniać swoje pragnienia? Gdyby tak było, wówczas uleganie egoistycznym nawykom byłoby uzasadnione. Ale tak nie jest. Aby przetrwać, musimy współpracować z innymi i to od ich życzliwości zależy nasza pomyślność. Im bardziej bierzemy sobie do serca dobro innych i dla nich pracujemy, tym więcej korzyści sami z tego wynosimy. Łatwo to zaobserwować. Z drugiej strony, im bardziej jesteśmy egoistyczni i skupieni na sobie, tym bardziej pozostajemy samotni i nieszczęśliwi.

Dlatego, jeśli chcemy pracować dla własnego dobra i szczęścia, lepiej – jak zaleca *Bodhiczarjawatara* – weźmy pod uwagę dobro innych i traktujmy je jako ważniejsze od swojego. Rozważając tę kwestię, z pewnością będziemy w stanie coraz bardziej umacniać się w postawie troskliwości o pomyślność innych.

Ponadto swoją praktykę bodhiczitty możemy uzupełnić medytacją różnych aspektów mądrości. Na przykład możemy rozważać naturę buddy – potencjał urzeczywistnienia stanu buddy, który tkwi w nas i we wszystkich czujących istotach. Możemy także na drodze logicznego rozumowania rozważać ostateczną naturę zjawisk, ich naturę pustki, aby upewnić się co do natury rzeczywistości. Możemy rozmyślać o tym, że ustanie cierpienia jest możliwe, ponieważ jego główna przyczyna, czyli niewiedza, jest przygodna i z tego powodu może zostać oddzielona od rzeczywistej natury naszego umysłu.

Rozmyślając i medytując nad czynnikami mądrości oraz oddając się nieprzerwanie intensywnej praktyce współczucia i życzliwości, dostrzeżemy zmianę we własnym umyśle. Dlatego właśnie w *Bodhiczarjawatarze* po omówieniu praktyki bodhiczitty od razu następuje rozdział poświęcony mądrości. Problemy w nim przedstawione, w przeciwieństwie do rozdziałów wcześniejszych, są trudne i złożone. Jestem pewny, że Śantidewa, który odznaczał się wielkim współczuciem i miał cudowny dar wyrażania myśli w sposób prosty i zwięzły, tak właśnie by go napisał, gdyby to było możliwe. Nie uczynił tego jednak. Tak więc, aby zrozumieć te strofy, musimy ze swej strony włożyć w to więcej wysiłku i pracy. Musimy pracować ciężej – to jedyna droga.

5

Pytania i odpowiedzi

Pytanie: Stwierdzam, że na Zachodzie istnieje wielka presja, aby robić coraz więcej i szybciej. Prowadzi to do narastania stresu i zniecierpliwienia. Ponieważ Wasza Świątobliwość powiedział, że ludzie Zachodu nie powinni go opuszczać, jakie zatem specyficzne metody i techniki poleciłby Wasza Świątobliwość jako antidotum na ów stres i zniecierpliwienie?

J.Ś. Dalajlama: Trudno powiedzieć. W dużej mierze zależy to od nastawienia umysłu. Chociaż fizycznie można być bardzo zajętym i cały czas się spieszyć, to jeśli uda się przy tym zachować spokój umysłu, może to pomóc. Każdy sam może wybrać najlepsze antidotum, analizując własne doświadczenia.

P: Wasza Świątobliwość, przyjąwszy, że polityka jest najważniejszym ze społecznych czynników, które oddziałują na rodzinę, czyż nie jest konieczne, aby ludzie, którzy podążają ścieżką bodhisattwy, zajmowali się polityką, a przynajmniej, aby się nią interesowali?

J.Ś.: Bodhisattwa to osoba, która doskonali się w dążeniu do osiągnięcia pełnego oświecenia dla dobra wszystkich żyjących istot i tym samym zobowiązuje się do angażowania w działania, które są najkorzystniejsze ze względu na ów cel. W zakres tych działań może wchodzić również polityka. Jeśli bodhisattwa jest pewny, że biorąc aktywny udział w polityce, może wpłynąć na dokonanie się wielkich zmian w jakiejś wspólnocie bądź społeczeństwie, to powinien on zaangażować się w politykę.

P: Wasza Świątobliwość omawiał związek, w jakim powinniśmy pozostawać z naszym wrogiem. Co mówią pisma buddyjskie na temat ludzi o złych umysłach?

J.Ś.: Pisma buddyjskie mówią o konieczności zachowania wielkiej życzliwości i współczucia dla takich ludzi. Jedną z najważniejszych praktyk bodhisattwy jest rozwijanie szczególnego współczucia dla tych, którzy najbardziej potrzebują pomocy, to znaczy dla ludzi naznaczonych fizycznymi i umysłowymi ułomnościami.

Część III

Buddyzm wadżrajany w Tybecie

I

Charakterystyczne cechy tantry

Zajmę się teraz buddyjską tantrą, czyli systemem myśli i praktyki znanym jako wadżrajana.

Kwestie chronologii związane z ewolucją nauk buddyjskiej tantry, czyli pytania o to, kiedy i gdzie Budda nauczał różnych tantr, pozostają sporne[1]. Przede wszystkim nie powinniśmy sądzić, że wszystkie tantryczne nauki ogłoszone zostały przez historycznego Buddę

---

[1] Uczeni związani z tradycją buddyzmu tybetańskiego wyrażają rozmaite opinie co do historycznych okoliczności, w jakich rozwijały się tantryczne nauki w ogólności, a *Kalaczakratantra* w szczególności. Jedna ze szkół utrzymuje, że po raz pierwszy Budda udzielił tantrycznych nauk w dzień pełni księżyca w rok po osiągnięciu pełnego oświecenia. Natomiast zgodnie z innym poglądem Budda udzielił tantrycznych nauk na miesiąc przed parinirwaną*. Jego Świątobliwość w swoich wykładach sugeruje, że ten drugi pogląd wydaje się spójniejszy, ponieważ sama *Rdzenna tantra Kalaczakry* (*Śrīkālacakranāmatantrarāja*) stwierdza:

> Tak jak na Górze Sępów Nauczyciel
> [Nauczał] doskonałości mądrości,
> Tak też w *Śridhanjakatace* nauczał
> Drogi tajemnej mantry.

Strofę tę przytacza Butyn (Bu ston) w swojej *Historii Kalaczakry* (*Dus 'khor chos byung*), Pisma zebrane, t. *nga* (4), folio 12b. George Roerich w *The Blue Annals* (tłumaczenie tybetańskiego dzieła *Deb ther sngon po*, którego autorem jest Gy Locała Szienu Pal) utożsamia Dhanjakatakę z Amarawati w pobliżu Sattenpalle Taluk w okręgu

w trakcie jego życia. Uważam raczej, że nauki tantryczne mogły pojawiać się także dzięki nadzwyczajnemu wglądowi wysoko urzeczywistnionych istot, które zdołały w pełni zbadać subtelne składniki fizycznego ciała oraz potencjał drzemiący w ludzkim ciele i umyśle. Dzięki tego rodzaju badaniom praktykujący osiąga bardzo wysoki stopień urzeczywistnienia i dostępuje wizji, które pozwalają mu przyjąć nauki tantryczne na poziomie mistycznym. Dlatego nie powinniśmy ograniczać swojego widzenia przekazu tych nauk sztywno rozumianymi pojęciami czasu i przestrzeni.

Chociaż istnieje kilka grup tantr należących do niższych klas, których, jak się zdaje, nauczał sam Budda, kiedy pozostawał w swej zwykłej postaci w pełni wyświęconego mnicha, to jednak w większości wypadków Budda nauczał tantr, przybrawszy postać głównego bóstwa mandali danej tantry.

Praktykowanie tantr można rozpocząć dopiero po ugruntowaniu wiedzy na temat najważniejszych cech ścieżki wyzwolenia objaśnianej przez system sutr – czyli buddyjskich nauk, które omawialiśmy wcześniej. Innymi słowy, naszą postawę powinny cechować: pragnienie całkowitego porzucenia przyczyn cierpienia, prawidłowy pogląd na pustkę, zgodny z naukami drugiego obrotu, oraz pewne urzeczywistnienie bodhiczitty – altruistycznego dążenia do osiągnięcia oświecenia dla dobra wszystkich żyjących istot, które opiera się na miłości i współczuciu. Zrozumienie owych kwestii, poparte praktyką sześciu doskonałości, daje nam możliwość stworzenia odpowiedniej podstawy, którą jest ścieżka wspólna dla sutry i tantry. Tylko wtedy praktyka tantry zostanie zwieńczona sukcesem.

Guntur, obecnie w stanie Andhra Pradeś w południowych Indiach. Zob. G. Roerich (tłum.), *The Blue Annals*, Motilal Benarsidass, Delhi 1979, s. 754, przypis 1.

Wydaje się, że większość tradycyjnych tybetańskich uczonych preferuje stanowisko drugie. Jednakże Butyn w *Historii Kalaczakry* (folio 13a) stanowczo je odrzuca. Więcej informacji na ten temat, a także na temat rozprzestrzeniania się praktyki Kalaczakry w Tybecie można znaleźć w: Dalai Lama XIV Tenzin Gyatso i Jeffrey Hopkins, *Kālachakra Tantra, Rite of Initiation*, Wisdom Publications, Boston 1985, rozdz. 5, s. 59–65.

Głębia tantry najpełniej objawia się w naukach i praktyce tantry najwyższej jogi. Na przykład znaczenie wyrażeń, takich jak „niesplamiona mądrość", „istota natury buddy" itd., które znaleźć można w niektórych pismach należących do trzeciego obrotu, w pełni ujawnia się tylko w tantrze najwyżej jogi. Bez względu na to, czy utrzymujemy, że *Uttaratantra* mówi o podstawowym wrodzonym umyśle czystego światła wyraźnie czy też nie, to właśnie owa podstawowa natura umysłu stanowi ostateczny sens wypowiedzi o istocie natury buddy. Zatem ostatecznym celem nauki o naturze buddy winien być podstawowy, wrodzony umysł czystego światła, o którym dokładnie i obszernie naucza tantra najwyższej jogi.

Powszechnie uważa się, że tantra najwyższej jogi to wyjątkowa w swoim rodzaju i najgłębsza tantra. Nie tylko przedstawia zarys metod służących urzeczywistnieniu ścieżki na zwykłym poziomie umysłu, ale także naucza różnych technik i metod wykorzystywania subtelnych poziomów umysłu – zwłaszcza podstawowego wrodzonego umysłu czystego światła – przekształcając je w ścieżkę do oświecenia. Jeśli zdołamy przekształcić podstawowy wrodzony umysł czystego światła w prawdziwą ścieżkę, zyskamy niezwykle skuteczną praktykę.

Zwykle do medytacji jednoupunktowienia przystępujemy, znajdując się na zwykłym poziomie umysłu. W konsekwencji, aby utrzymać skupienie na przedmiocie medytacji, zmuszeni jesteśmy do wzmożenia uważności i czujności. To dowodzi, że zawsze musimy być czujni i przytomni. Jednakże, jeśli zdołalibyśmy wyeliminować zwykłe stany umysłu – takie jak świadome procesy myślowe, które bardzo rozpraszają – to utrzymywanie wzmożonej i stałej uważności oraz czujności nie byłoby potrzebne. W tantrze najwyższej jogi omawia się specjalną technikę medytacji, dzięki której możemy rozpuścić i powściągnąć zwykłe poziomy umysłu. Sprowadzamy dzięki temu umysł do jego najsubtelniejszego poziomu, na którym nie może on już ulec rozproszeniu.

Z perspektywy ogólnej praktyki charakterystycznej dla tantry najwyższej jogi należy stwierdzić, że metoda przekształcania podstawowego wrodzonego umysłu czystego światła – czyli najsubtelniejszego poziomu umysłu – w prawdziwą ścieżkę ma na celu rozpuszczenie i powściągnięcie zarówno zwykłych poziomów umysłu, jak i wiatrów (energii) pobudzających umysł na owych poziomach. Może się to odbywać na trzy sposoby: 1) poprzez jogę wiatru, czyli *pranajogę*, 2) poprzez wytwarzanie doświadczeń czterech rodzajów błogości oraz 3) poprzez doskonalenie się w stanie niekonceptualności[2].

Ważne jest, aby zdawać sobie sprawę nie tylko z istnienia rozmaitych metod, ale także z ich całkowitej odrębności. Stosując którąś z tych technik, możemy rozpuścić i powściągnąć zwykłe poziomy umysłu wraz z właściwymi im energiami. Powinno się tu jednak podkreślić jedno: chociaż cel praktyki możemy osiągnąć, stosując dowolną ze wspomnianych metod, nie oznacza to jednak, że posłużenie się tylko jedną z nich wystarczy. Główną praktykę należy uzupełniać dodatkowymi elementami. I tak na przykład, jeśli dzisiaj kierujemy swoją myśl ku cnocie, w przyszłości myśl ta może przyczynić się do osiągnięcia przez nas wszechwiedzy. Nie oznacza to,

---

[2] Przykład pierwszej z tych metod można znaleźć w *Guhjasamadżatantrze*, gdzie pranajoga stanowi główną medytację, której celem jest doświadczenie subtelnego czystego światła. Na tę technikę składa się zestaw specyficznych ćwiczeń, które w istocie wymagają zręcznego wykorzystania pran (witalnych energii czy też „wiatrów") w kluczowych punktach kanału centralnego. Praktyki *Czakrasamwaratantry* stanowią klasyczny przykład metody drugiego typu. Główny nacisk kładzie się w nich na wytwarzanie czterech rodzajów błogości. Wydaje się, że jest to specyficzna cecha większości tantr matki. Metoda trzecia to przede wszystkim praktyka medytacji występująca w dzogczien, w której, jak się wydaje, główny nacisk został położony na doskonalenie stanu niekonceptualności. Pamiętam, jak kiedyś Jego Świątobliwość stwierdził podczas otwartego wykładu w Dharamsali w Indiach, że swoją obserwację – odnoszącą się do trzech głównych sposobów praktykowania w tantrze najwyższej jogi – opiera na wielu komentarzach, które można znaleźć w pismach mistrzów tradycji Gelug, takich jak Khedrub Norsang Giaco (1423–1513) i Cziangkja Rolpej Dordże (1717–1786).

że owa myśl skierowana ku cnocie stanowi wyłączną przyczynę wszechwiedzy.

W *Tajemnych słowach Mańdżuśriego* (*Mañjuśrīmukhāgama*), w tekście na temat etapu spełnienia tradycji Guhjasamadżamańdżuśriwadżry[3], indyjski mistrz Buddhaśridżńana* stwierdza, że ponieważ nasze ludzkie ciała mają taką, a nie inną fizyczną strukturę oraz współtworzą je subtelne składniki – to nawet na zwykłym poziomie zdarza się nam doświadczać subtelnego poziomu umysłu zwanego czystym światłem bądź stanem niekonceptualnym. Może się to zdarzyć podczas snu, kichania, omdlenia lub orgazmu. Świadczy too tym, że mamy w sobie pewien potencjał, który możemy rozwijać. Spośródtych czterech pojawiających się w sposób naturalny stanów orgazm stanowi najlepszą sposobność do doświadczenia czystego światła. Chociaż orgazm przyporządkowujemy do sfery zachowań seksualnych, nie należy kojarzyć go wyłącznie z seksem. Termin ten odnosi sięw tym wypadku do praktyki zespolenia z małżonkiem, osobą przeciwnej płci, dzięki czemu witalne energie umiejscowione na szczycie głowy zostają rozpuszczone, a następnie, mocą medytacji, ich strumień kieruje się ku górze. Jednym ze wstępnych warunków niezbędnych do podjęcia zaawansowanej praktyki seksualnego zespolenia jest zdolność osoby praktykującej do powstrzymania ejakulacji. Wytrysk płynu nasiennego szkodzi praktyce. Szczególny nacisk kładzie na tę kwestię *Kalaczakratantra.* Podkreśla się tam, że osoba praktykująca tantrę powinna umieć zapobiegać ejakulacji nawet podczas snu. Dlatego tantry opisują rozmaite techniki pozwalające zapobiegać nocnym

---

[3] W tybetańskiej literaturze tantrycznej istnieje wiele tekstów związanych z trzema podstawowymi aspektami Guhjasamadży. Te trzy aspekty to: Akszobhja szkoły Arji, Mańdżuśriwadżra szkoły Dżńanapady i Lokiteśwara, przyjęty w obu szkołach. Szczegółowe objaśnienie tych trzech linii przekazu można znaleźć u Congkhapy w *Lampie jasno oświetlającej pięć etapów* (*Rim pa lnga rab tu gsal ba'i sgron me*), Pisma zebrane, t. *ja* (7), folio 21b. W tybetańskiej tradycji dominują nauki związane z Akszobhją szkoły Arji.

ejakulacjom. Kontrastuje to z klasztornymi regułami, o których traktuje winaja*, a w których Budda uczynił wyjątek, dopuszczając ejakulację przytrafiającą się w czasie snu. Według winai taka ejakulacja pozostaje poza świadomą kontrolą praktykującego, nie stanowi zatem złamania ślubowań. W tantrze natomiast wyraźnie się podkreśla, że należy starać się zapobiegać nocnym zmazom.

Aby doświadczyć rzeczywistego rozpuszczenia się bodhiczitty[4], musimy podczas medytacji wzmagać uczucie pożądania, które pojawia się zwykle wobec osoby atrakcyjnej seksualnie. Dzięki sile pożądania jesteśmy w stanie rozpuścić składniki ciała, co prowadzi do doświadczenia stanu niekonceptualności. Wtedy należy skierować i skupić uwagę na umyśle oświecenia.

Na skutek rozpuszczenia bodhiczitty w ciele pojawia się doświadczenie niekonceptualnego stanu błogości. Jeśli zdołacie przetworzyć ów stan błogości w doświadczenie pustki, dokonacie przekształcenia ułudy w mądrość rozpoznającą pustkę, ponieważ mądrość owa była pierwotnie uciążliwą emocją, a ściślej – pożądaniem. Gdy zdołacie wykorzystać ów niekonceptualny stan – czyli umysł przepełniony błogością – do tego, aby uświadomić sobie pustkę, wówczas nabyta tym sposobem mądrość stanie się wyjątkowo silna i posłuży jako antidotum, przeciwdziałając wszelkim uciążliwym stanom emocjonalnym i poznawczym. Dlatego możemy powiedzieć, że w pewnym sensie to sama ułuda – w postaci mądrości wywodzącej się z ułudy – niszczy złudzenia, albowiem to błogie doświadczenie pustki wytworzone przez seksualne pożądanie niweluje działanie bodźców

---

[4] Tutaj termin „bodhiczitta" odnosi się do subtelnej fizjologicznej substancji, która według tantry znajduje się w całym ciele. Termin ten stosuje się do dużej grupy składników, łącznie z męskimi i żeńskimi płynami ustrojowymi. Rozpuszczona, substancja ta przemieszcza się psychicznymi kanałami i gromadzi w niektórych witalnych punktach ciała. Z tego powodu tantryczne doświadczenie błogości jest blisko związane z przepływem i rozpuszczaniem się owej podstawowej substancji. W systemie sutr natomiast „bodhiczitta" odnosi się do umysłu oświecenia, to jest do umysłu, który autentycznie dąży do osiągnięcia pełnego oświecenia dla dobra wszystkich istot.

seksualnych. Podobnie żyjące w drzewie owady zjadają to samo drewno, w którym powstały. Taki sposób wykorzystania złudzeń, będący integralną częścią ścieżki oświecenia, stanowi wyjątkową cechę tantry.

Zilustrujmy to. Nauczając rozmaitych wyższych tantr, Budda ukazywał się pod postacią głównego bóstwa konkretnej mandali pozostającego w zespoleniu z małżonką. Dlatego osoby praktykujące muszą także, w wyobraźni, wizualizować same siebie jako boski aspekt bóstwa w zespoleniu z małżonką.

Inna specyficzna cecha tantry jest związana z procesem osiągania dwóch ciał oświeconej istoty: *ciała formy* (*rūpakāya*) i *ciała prawdy* (*dharmakāya*). Według sutr, doskonaląc się w altruistycznym dążeniu do osiągnięcia stanu całkowitego oświecenia, praktykujący pragnie urzeczywistnić również oba ciała oświeconej istoty. Jednakże nie powstają one niezależnie od przyczyn i warunków, zwłaszcza takich, które pozostają ze sobą w zgodzie. Oznacza to, że przyczyny i ich skutki powinny mieć zasadniczo podobne cechy. System sutr, przyjmujący to założenie, mówi o przyczynach powstawania ciała formy oświeconej istoty, posługując się pojęciem jedynego w swoim rodzaju „ciała umysłu" osiąganego wyłącznie przez bodhisattwów znajdujących się na najwyższych poziomach ścieżki. Ciało to jest substancjalną przyczyną, która poprzez kolejne fazy oczyszczania ostatecznie prowadzi do urzeczywistnienia ciała formy oświeconej istoty. Pisma hinajany także kładą nacisk na tę kwestię. Chociaż nauki hinajany nie objaśniają w pełni metod i przyczyn prowadzących do urzeczywistnienia stanu wszechwiedzy, to mówią jednak o pewnych praktykach prowadzących do osiągnięcia różnych ważniejszych i pomniejszych znaków istoty oświeconej, czyli buddy.

Tantra dysponuje jedyną w swoim rodzaju metodą osiągania ciała formy istoty oświeconej, a tantra najwyższej jogi nie tylko opisuje przyczyny i metody prowadzące do urzeczywistnienia ciała formy, ale także objaśnia te, które wiodą do osiągnięcia ciała prawdy istoty oświeconej. Zanim osoba praktykująca tantrę przystąpi do praktyki medytacji stanowiącej substancjalną oraz główną przyczynę ciała formy (i dzięki temu pozwalającą je osiągnąć), powinna najpierw zadbać o rozwój swojego umysłu. Innymi słowy, aby wywołać tę wyjątkową przyczynę, trzeba ćwiczyć. Na tym polega praktykowanie *jogi bóstwa* – podczas której medytujący wizualizuje siebie jako bóstwo.

Tantry objaśniające, takie jak *Tantra zwana namiotem wadżry* (*Vajrapañjaratantra*) wraz z odnośnymi indyjskimi komentarzami, podkreślają, że osiągnięcie ciała prawdy istoty oświeconej wymaga medytacji oraz podjęcia praktyki na ścieżce, której cechy są podobne do cech stanu końcowego. Metodą taką jest medytacja pustki z zastosowaniem bezpośredniej intuicji – podczas której usunięte zostają wszelkie dualizmy oraz pojęcia. Tak samo, aby uzyskać ciało formy istoty oświeconej, należy doskonalić się na ścieżce o cechach podobnych do stanu końcowego, czyli do ciała formy istoty oświeconej.

Zaangażowanie w praktykę na ścieżce o cechach podobnych do stanu natury buddy – zwłaszcza do ciała formy – ma wielkie znaczenie i moc, a zarazem jest niezbędne. Na temat ścieżki podobnej do zrodzonego z niej owocu tantra wypowiada się na cztery sposoby. Określa się je technicznie jako *cztery całkowite czystości*: 1) całkowita czystość otoczenia, 2) całkowita czystość ciała, 3) całkowita czystość środków oraz 4) całkowita czystość działań.

Aby uzyskać stan końcowy, czyli jedność obu oświeconych ciał, konieczne jest wstąpienie na ścieżkę zjednoczenia metody i mądrości. Fakt ten akceptują wszystkie szkoły mahajany. Jednakże w systemie sutr jedność mądrości i metody nie jest zupełna. W sutrach mądrość odnosi się do mądrości rozpoznającej pustkę, a metoda odnosi się do praktyki sześciu doskonałości. Dlatego ich jedność pojmuje się tam w kategoriach związku dwóch odrębnych czynników, które wzajemnie się uzupełniają – metodyczne aspekty ścieżki, takie jak praktyka bodhiczitty, współczucie itd., dopełniają mądrość rozpoznającą pustkę. Podobnie też czynnik mądrości – czyli uświadomienie sobie pustki – dopełnia i wspiera praktykę bodhiczitty oraz związanych z nią innych aspektów metody. Innymi słowy, w systemie sutr nie jest możliwe, aby oba czynniki ścieżki – mądrość i metoda – uzupełniały się w ramach jednego momentu świadomości.

Chociaż prawdą jest, że gdy praktykuje się jedność mądrości i metody w systemie sutr, mądrość nie jest oddzielona od metody, a metoda nie jest oddzielona od mądrości, to jednak nie łączą się one w sposób pełny. Dlatego praktyka sutr nie może stanowić ostatecznej przyczyny bądź ścieżki urzeczywistnienia końcowego stanu natury buddy. Oba oświecone ciała – ciało formy i ciało prawdy – stanowią w nim bowiem całkowitą jedność.

Rodzi się więc pytanie: „Jaka forma praktyki, czyli jaka ścieżka, wiąże metodę i mądrość w niepodzielną całość?". Odpowiedź brzmi: „Tantryczna praktyka jogi bóstwa". Pozwala ona w pojedynczym momencie świadomości uchwycić boską formę bóstwa przy jednoczesnym zachowaniu wyraźnej świadomości tego, że jego natura jest pusta. W jednym momencie poznania współistnieje tu w sposób pełny zarówno medytacja na bóstwo, jak i zrozumienie pustki. Dlatego ów moment świadomości obejmuje oba czynniki – metodę i mądrość. Nazywa się to *jogą niepodzielnej jedności metody i mądrości Wadżrasattwy.*

Jedną z głównych cech medytacji charakterystycznej dla jogi bóstwa jest doskonalenie *dumy bóstwa*, czyli poczucia wewnętrznej tożsamości z bóstwem w celu przekroczenia zwykłych emocji i postrzegania. Uważam, że technika ta pomaga nam w jeszcze większym stopniu ujawnić tkwiący w nas potencjał oświecenia. Aby rozwinęło się silne poczucie tożsamości z bóstwem, niezbędna jest intensywna, stabilna wizualizacja jego postaci. W normalnych warunkach z powodu wrodzonych skłonności i poczucia samego siebie nasze wewnętrzne odczucia „ja" czy też jaźni zasadzają się na bycie stanowiącym złożenie naszego zwykłego ciała i umysłu. Jeśli z powodzeniem będziemy doskonalić wyraźne i niezmienne postrzeganie siebie jako aspektu bóstwa, to zdołamy także rozwinąć dumę bóstwa – podniosłe poczucie tożsamości z wizualizowaną formą.

Ponadto, aby urzeczywistnić wszechwiedzący umysł, powinniśmy dysponować substancjalnymi przyczynami, które ostatecznie zostaną w niego przekształcone. Owe substancjalne przyczyny muszą mieć naturę świadomości – i to nie dowolnej, ale wyłącznie świadomości charakteryzującej się nieprzerwaną ciągłością.

Podsumujmy. Aby urzeczywistnić wszechwiedzący umysł natury buddy, należy zdać sobie sprawę z jego natury. Jest to umysł szczególnego rodzaju. Ze względu na swą ciągłość jest on wieczny. Nie może to być żaden inny rodzaj umysłu. Ponieważ wiele stanów umysłu naznaczonych skazą – takich jak złudzenia i uciążliwe stany emocjonalne oraz poznawcze – ma charakter przygodny, to są przelotne: w pewnym momencie powstają, aby wkrótce zniknąć. Widziane z tej perspektywy, są nietrwałe. Umysł, którego naturę uświadamiamy sobie, gdy uzyskujemy wszechwiedzę, musi być pod względem swej ciągłości wieczny, nie zaś przygodny. Oznacza to, że powinniśmy uświadomić sobie pustą naturę czystego umysłu – umysłu, którego natura nigdy nie została skalana.

Gdy spoglądamy z perspektywy samej pustki, wówczas pomiędzy pustką zwykłego zewnętrznego zjawiska, takiego jak na przykład kiełek rośliny, a pustką bóstwa, takiego jak Wairoczana, nie ma żadnej różnicy. Gdy jednak patrzymy z perspektywy przedmiotu pustki, to różnica jest kolosalna. To właśnie mądrość jest stanem, w którym uświadamiamy sobie ów szczególny typ pustki– pustkę bóstwa. Ostatecznie stanowi ona substancjalną przyczynę wszechwiedzącego umysłu natury buddy. Taka w skrócie jest istota jogi bóstwa. Jest ona jednością *przejrzystości* – wizualizacji bóstwa – i *głębi* – uświadomienia sobie pustki.

Ponadto, według systemu sutr, wypowiadając się na temat szczęścia i postępów na ścieżce osób, które nie praktykują mahajany, Budda nigdy nie uczynił wyjątku i nie zezwolił im na wykorzystywanie w praktyce złudzeń. Natomiast odnośnie bodhisattwy, w sutrach wymienia się okoliczności, w których czyni się takie wyjątki, o ile zastosowanie pewnego typu ułudy moze być korzystne ze względu na cel. W sutrach mahajany Budda powiedział, że tak jak miejskie odpadki, chociaż nieczyste, przydają się w gospodarstwie jako nawóz, tak samo złudzenia, którym ulegają bodhisattwowie, mogą służyć pomyślności innych. W żadnej jednak z sutr Budda nie zezwolił na wzbudzanie w sobie gniewu i nienawiści, nawet bodhisattwom. Jednakże u zwykłych ludzi, takich jak my, gniew jest niezwykle silną emocją, która czasami wpływa na przyspieszenie realizacji pewnych zadań. Dlatego też możemy zrozumieć, czemu w tantrze Budda uczynił wyjątek również dla gniewu – tantra dysponuje bowiem metodami wykorzystującymi energię gniewu, a nawet nienawiści, do pozytywnych celów. Powinniśmy być jednak świadomi, że aby wykorzystywać nienawiść i gniew do pozytywnych celów, stale musimy utrzymywać swoją początkową motywację: altruistyczne dążenie do osiągnięcia oświecenia dla dobra innych. Pobudzane taką podstawową, nadrzędną intencją, nasze czyny mogą sporadycznie czerpać impuls nawet z gniewu czy nienawiści. Jeśli zdamy sobie z tego sprawę, zrozumiemy także znaczenie gniewnych aspektów bóstw w tantrze.

Wszystkie omawiane powyżej praktyki, różne od praktyk występujących w sutrach, stanowią charakterystyczne cechy tantrycznej ścieżki i decydują o jej wyższości.

2

Podział tantr

Tantra zwana namiotem wadżry głosi, że system tantryczny dzieli się na cztery klasy. Jednak tylko w tantrze najwyższej jogi doniosłe i swoiste cechy ezoterycznych nauk buddyzmu wyraziły się najpełniej. Dlatego też na niższe tantry powinniśmy patrzeć jak na stopnie prowadzące do tantry najwyższej jogi. Chociaż wspólną cechą wszystkich czterech klas jest korzystanie z metod, które czynią z pożądania element ścieżki, to jednak poziom zaangażowanego pożądania różni się znacznie w poszczególnych klasach. W tantrze klasy pierwszej wykorzystuje się wyłącznie pożądanie, które powstaje w chwili przyglądania się atrakcyjnej osobie płci przeciwnej. Trzy następne klasy posługują się odpowiednio: pożądaniem powstałym podczas uśmiechania się do takiej osoby oraz wspólnego śmiania się z nią, pożądaniem zaangażowanym w dotykanie i trzymanie się za ręce i wreszcie – pożądaniem seksualnego zespolenia.

Nazwy, jakie nadaje się czterem klasom tantry, odzwierciedlają ich funkcje, a także odmienne cechy. W tantrze czynu (*kriyātantra*) nacisk kładzie się na zewnętrzne działania nakierowane na zachowanie czystości, oczyszczanie itd., jak również na mudry (*mudrā*), czyli symboliczne gesty dłoni, które uważane są za ważniejsze od wewnętrznej jogi. Dlatego właśnie tantrę tę nazywa się tantrą czynu.

W tantrze należącej do drugiej klasy – tantrze wykonania (*caryātantra*), nacisk kładzie się w równej mierze na aspekty wewnętrzne, jak i zewnętrzne. W trzeciej klasie, w tantrze jogi (*yogatantra*), silniej podkreśla się wewnętrzną jogę wyciszającej medytacji niż działania zewnętrzne. Nazwa czwartej klasy – tantra najwyższej jogi (*anuttarayogatantra*) – bierze się nie tylko z tego, że tantra ta uwypukla znaczenie wewnętrznej jogi, ale także z faktu, że nie istnieje żadna wyższa klasa tantry.

W tradycji Ningmy, która posługuje się swoistą terminologią i daje własne wyjaśnienia – zwłaszcza w szkole „wielkiej doskonałości", czyli dzogczien – mamy wzmianki o dziewięciorakim podziale jan, czyli o *dziewięciu stopniach pojazdów* [5].

Pierwszymi trzema, które odnoszą się do trzech pojazdów nauczanych w sutrach, są: 1) pojazd słuchaczy, 2) pojazd urzeczywistniających się samotnie oraz 3) pojazd bodhisattwów. Nazywa się je także *trzema pojazdami [podążającymi] z kierunku źródła cierpienia*.

Kolejnymi trzema są: 1) tantra czynu, 2) tantra wykonania oraz 3) tantra jogi. Określa się je zewnętrznymi pojazdami bądź tantrami z powodu nacisku, jaki te praktyki kładą na zewnętrzne czynności, takie jak rytuały, oczyszczenia itd. Wspomina się także o nich jako o *tantrach ascetycznej świadomości*, ponieważ nauki te zalecają praktyki fizycznej ascezy, takie jak poszczenie, przestrzeganie szczególnej diety itd.

Ponadto istnieją trzy wewnętrzne tantry: 1) tantra ojca, 2) tantra matki i 3) tantra niedualna, czyli, w terminologii szkoły wielkiej doskonałości, odpowiednio: mahajoga, anujoga i mahatijoga. Owe trzy wewnętrzne pojazdy określa się jako *pojazdy potężnych środków*,

---

[5] Obszerne omówienie podziału na dziewięć pojazdów można znaleźć w: Dudjom Rinpoche, *The Nyingma School of Tibetan Buddhism*, Gyurme Dorje i Matthew Kapstein (tłum. i red.), Wisdom Publications, Boston 1992, tom 1, księga 1.

ponieważ zawierają metody umożliwiające manifestację najsubtelniejszego poziomu umysłu poprzez zniesienie zwykłych poziomów umysłu oraz uaktywniają energie, dzięki którym praktykujący wprowadza swój umysł na głęboki poziom wolny od dualnych rozróżnień na dobro i zło, czystość i nieczystość itd., co pozwala mu przekroczyć wszelkie powszechne konwencje wyznaczone przez tego rodzaju dychotomie.

3

Inicjacja

W ramach czterech klas tantry istnieje wiele podgrup. Tantra najwyższej jogi składa się z osobnych kategorii, takich jak tantra ojca, tantra matki, a ponadto, według niektórych uczonych, tantra niedualna. Wielcy uczeni, tacy jak Takcang Locała Szierab Rinczien, dzielą tantrę najwyższej jogi na owe trzy kategorie na podstawie trzech inicjacji, które przyspieszają dojrzewanie różnych zdolności praktykującego na ścieżce urzeczywistnienia etapu spełnienia. Z tego punktu widzenia tantry kładące nacisk na tajemną inicjację zalicza się do kategorii tantr ojca, kładące nacisk na inicjację mądrości-poznania – do tantr matki, a te, które kładą nacisk na inicjację słowa – do tantr niedualnych. Taki sposób wyznaczania owych trzech działów w ramach tantry najwyższej jogi ma doniosłe znaczenie.

Tak jak urzeczywistnienie bodhiczitty stanowi wstęp do praktyki pojazdu bodhisattwy w systemie sutr, tak samo otrzymanie uprawnienia, czyli inicjacji, stanowi jedyny wstęp do praktyki tantry. Ogólna forma ceremonii nadania uprawnień w trzech niższych tantrach jest dość podobna. Jednak w tantrze najwyższej jogi, ze względu na wielką różnorodność tantr należących do tej kategorii, istnieje wiele różnych rodzajów inicjacji, które działają jako charakterystyczne dla tych praktyk czynniki przyspieszające dojrzewanie osób je praktykujących.

Istnieją także różnice dotyczące liczby uprawnień niezbędnych w każdej specyficznej klasie tantry. Na przykład w wypadku tantry czynu niezbędne są dwa: inicjacja wody i korony. Tantra wykonania wymaga pięciu inicjacji mądrości. W tantrze jogi oprócz pięciu inicjacji mądrości potrzebne jest uprawnienie mistrza wadżry. A w wypadku tantry najwyższej jogi konieczne są wszystkie cztery uprawnienia – wazy, tajemne, mądrości-poznania i słowa.

Musicie być jednak świadomi tego, że w różnych tradycjach używa się odmiennych określeń na różne uprawnienia. Na przykład w szkole Ningmy – według tradycji mahajogi – inicjacja mistrza wadżry nazywa się *inicjacją potencjału*, a inicjacja ucznia wadżry – *inicjacją dobroczynną*. Wspomina się także o innej inicjacji zwanej *wszystkoobejmującą* (lub *skondensowaną*) *inicjacją wadżry*. Ponadto w szkole wielkiej doskonałości czwarta inicjacja ma cztery odmiany: inicjacja wymagająca zaangażowania, nie wymagająca zaangażowania, niemal wolna od zaangażowania, w ogóle nie wymagająca zaangażowania.

Ogólnie mówiąc, oryginalny sanskrycki termin *abhiṣeka*, często tłumaczony jako „inicjacja" bądź „uprawnienie", ma wiele różnych konotacji. W najszerszym znaczeniu wyjaśnia się inicjację w różnych kontekstach: jako czynnik przyspieszający dojrzewanie – *inicjacja przyczyny*; w kontekście ścieżki urzeczywistnienia – *inicjacja ścieżki*; oraz w kontekście czystego skutku – *inicjacja stanu końcowego*. Według szkoły wielkiej doskonałości istnieje jeszcze jeden typ inicjacji – *inicjacja podstawy*. Termin „podstawa" odnosi się tutaj do podstawowego wrodzonego umysłu czystego światła, który stanowi podstawę i stwarza możliwość otrzymania wszystkich pozostałych inicjacji. Gdybyśmy nie mieli owej podstawowej władzy – podstawowego wrodzonego umysłu czystego światła – otrzymanie późniejszych uprawnień byłoby niemożliwe. Na przykład nie możemy mówić o czynniku przyspieszającym dojrzewanie, czyli o ścieżce, oraz o stanie końcowym wyłącznie na podstawie zewnętrznego zjawiska, takiego jak waza bądź kiełek. Tylko przyjmując, że jednostka ma ową wewnętrzną władzę, możemy mówić o czynniku przyspieszającym dojrzewanie – o ścieżce prowadzącej do stanu końcowego itd. Zatem, ogólnie mówiąc, istnieją cztery typy inicjacji.

Kiedy przeprowadzamy ceremonię nadania uprawnień, potrzebujemy mandali. Jest to niebiański pałac, czysta rezydencja bóstwa. Istnieją różne typy mandali: wizualizowana w medytacji, malowana na tkaninie czy usypywana z kolorowego piasku. W tantrze najwyższej jogi jest także mandala ciała guru. Istnieją również mandale konwencjonalnej bodhiczitty, mandale bodhiczitty ostatecznej itd.

Wśród różnego rodzaju wspomnianych tu mandal najważniejszą jest ta z kolorowego piasku[6]. Jedynie ona pozwala na przeprowadzenie wszystkich rytuałów poświęcenia miejsca i sznurków używanych do pomiarów, a także stwarza możliwość wykonania rytualnych tańców, wymagających ułożenia rąk i nóg w rozmaitych pozycjach. Istnieją różne typy rytualnego tańca. Jeden z nich jest wykonywany podczas poświęcania miejsca, na którym zostanie zbudowana mandala. Inny wykonuje się na zakończenie jej budowy, jako ofiarę dla

---

[6] Ściśle, materiałem stosowanym do tego typu mandali jest proszek kwarcowy, który barwi się przy użyciu tradycyjnej metody. Przekaz uprawnień Kalaczakry to typowa sytuacja, kiedy tworzy się tego typu mandalę dla potrzeb ceremonii. Opis mandali Kalaczakry oraz jej symboliki można znaleźć w: Dalai Lama i Jeffrey Hopkins, *The Kālachakra Tantra*, rozdz. 6, s. 67–91. Tybetański termin *kyil khor* niesie konotacje całkowitości i okrągłości, podczas gdy sanskryckie słowo *maṇḍala* sugeruje „wydobycie istoty". Jednakże w kontekście praktykowania sadhany tantrycznego bóstwa medytacyjnego (co jest przypadkiem tutaj rozważanym) termin ten odnosi się do kosmicznego symbolu wszechświata. Chociaż termin ten bywa używany w odniesieniu do tworzonego dzieła sztuki, to prawdziwa mandala jest zwizualizowanym obrazem niebiańskiej siedziby bóstwa medytacyjnego, wytworzonym w trakcie medytacji. Siedziba taka wyłania się z pustki i ostatecznie stanowi istotę mądrości samego bóstwa medytacyjnego. Z kolei owa boska mądrość nie daje się oddzielić od najsubtelniejszego umysłu czystego światła osoby praktykującej. Dlatego dualność podmiotu i przedmiotu tu nie istnieje.

jej bóstw. Jeszcze inny – obrzędowy taniec masek – wiąże się głównie z rytuałami przezwyciężania przeszkód. Wiele małych tybetańskich klasztorów specjalizuje się w różnych rytuałach, jednak wiedza ich wykonawców na temat symboliki i znaczenia poszczególnych gestów budzi wątpliwości. Ponadto, jak się zdaje, wielu sądzi, że obrzędowe tańce masek są tylko widowiskiem, spektaklem. W rzeczywistości jest to smutna i godna pożałowania oznaka upadku tradycji tantry.

Przeczytałem kiedyś w którejś z książek na temat historii Indii, że jednym z czynników wpływających na degenerację buddyzmu wadżrajany w Indiach była nadmierna popularność praktyk tantrycznych w przeszłości. Rzeczywiście, jeśli tego rodzaju praktyka jest wykonywana bez zrozumienia, może się okazać, że bardziej szkodzi, niż pomaga. Właśnie dlatego praktyki tantry zwie się tajemną Dharmą czy też tajemnym sposobem życia.

Należy jednocześnie zdawać sobie sprawę, że w tantrycznych tekstach mamy do czynienia z wielką pochwałą ślubów zakonnych i związanych z nimi etycznych wskazań pratimokszy[7]. Na przykład w *Rdzennej tantrze Kalaczakry* – ukoronowaniu wszystkich praktyk tantry najwyższej jogi – wspomina się, że wśród mistrzów wadżry udzielających tantrycznych nauk i dokonujących tantrycznych obrzędów mistrzem najwyższym jest w pełni wyświęcony mnich, który złożył wszystkie zakonne śluby pratimokszy; osoba, która złożyła zakonne śluby nowicjusza, jest mistrzem wadżry średniego poziomu; natomiast osoba, która nie złożyła żadnych ślubów zakonnych, jest mistrzem wadżry najniższego poziomu[8]. Tak więc istnieją trzy typy mistrzów wadżry. W przeciwieństwie do ślubów bodhisattwy,

---

[7] Zwięzła definicja pratimokszy została dana na s. 31.

[8] Kongtrul Jynten Giaco w dziele *Skarbnica wiedzy encyklopedycznej* (*Shes bya kun khyab mdzod*), Minorities Press, Beijing 1983, t. 2, s. 11, przytacza także strofę pochodzącą z *Rdzennej tantry Kalaczakry*, w której stwierdza się to samo. Mimo starań nie udało mi się jednak zlokalizować tej strofy w tybetańskiej wersji tej tantry.

które można złożyć samemu przed podobizną Buddy, pratimoksza i śluby tantryczne muszą być przekazane przez żywą osobę – guru. Ponadto, aby rozwój na ścieżce tantrycznej przebiegał w sposób właściwy, guru, od którego otrzymuje się inspirację i błogosławieństwa, powinien być powiernikiem praktyk nieprzerwanej linii, której początki sięgają samego Buddy Wadżradhary. Warunek ten musi być koniecznie spełniony, aby obrzęd nadania uprawnień spełniany przez guru uaktywnił ukryty w naszym umyśle potencjał oraz umożliwił nam urzeczywistnienie końcowego stanu natury buddy. W tantrze postać guru jest bardzo ważna.

Ponieważ guru stanowi tak ważne ogniwo praktyki, pisma tantryczne przypisują mu wiele szczególnych właściwości. Chociaż faktycznie mistrz tantry prowadzący obrzęd nadania uprawnień powinien posiadać niezbędne kwalifikacje, ważne jest także, aby uczeń zbadał, czy osoba, którą chce uznać za swego guru, rzeczywiście ma owe kwalifikacje. Na tę kwestię kładzie się bardzo silny nacisk. Mówi się często, że należy przeprowadzić gruntowne badanie właściwości guru, nawet jeśli miałoby to zabrać dwanaście lat!

Jeśli idzie o wymagane kwalifikacje mistrza wadżry, powinna to być osoba, która strzeże swoich trzech bram – ciała, mowy i umysłu – przed negatywnymi działaniami. Mistrz powinien być powściągliwy i łagodny, posiadać biegłą znajomość *Trójkosza* (*Tripiṭaka*) i być dobrze wyćwiczony w swojej specjalności, czyli w trzech wyższych praktykach: moralności, skupienia i mądrości. Mistrza musi cechować także zespół dwudziestu właściwości – dziesięciu wewnętrznych i dziesięciu zewnętrznych[9].

Pięćdziesiąt strof o guru (*Gurupañcāśikā*) opisuje osobę, która nie ma kwalifikacji do bycia mistrzem tantry. Komuś takiemu brakuje współczucia, odznacza się przy tym silnym przywiązaniem, gniewem, zawiścią itd. Nie ma wiedzy o trzech wyższych praktykach

---

[9] Zob. Dalai Lama, *Path to Bliss*, s. 181.

i w dodatku chełpi się tą niewielką wiedzą, jaką ma. Kogoś takiego nie można uznać za mistrza tantry[10].

Tak jak mistrz tantry powinien mieć pewne kwalifikacje, także adept tantry powinien odznaczać się pewnymi cechami. Osoby praktykujące Dharmę ulegają na przykład, powszechnie i całkowicie bezkrytycznie, zapalczywemu pragnieniu uczestniczenia w inicjacjach udzielanych przez rozmaitych lamów. Później, kiedy coś się nie układa, bez oporu wypowiadają na temat nauczyciela złe opinie. Uważam, że jest to niedobry zwyczaj.

Ważne jest, aby z kolei guru przedstawił nauki zgodne z kanonem ścieżki buddyjskiej, używając struktury buddyjskiej ścieżki jako kryterium, za pomocą którego będzie można określić wiarygodność nauk. Nauczyciel nie powinien być arogancki, nie powinien czuć się w otoczeniu swoich najbliższych uczniów niczym wszechmocny władca żywiący przekonanie, iż może robić wszystko, co zechce. Jest takie tybetańskie powiedzenie: „Nawet jeśli swoim poziomem dorównujesz bogom, w dalszym ciągu musisz zachowywać się jak człowiek".

To tyle w ramach krótkiego wyjaśnienia inicjacji.

---

[10] *Gurupańczaśika*, strofa 7. Zob. Aświaghosza w bibliografii.

4

Śluby i przyrzeczenia

Na osobie, która przyjęła uprawnienia, spoczywa ogromne brzemię – wielka odpowiedzialność za dotrzymywanie pewnych ślubów i przyrzeczeń. W pierwszych dwóch klasach tantry – w tantrze czynu i w tantrze wykonania – chociaż wymaga się przestrzegania ślubów bodhisattwy, nie ma potrzeby składania ślubów tantrycznych. Jednakże w tantrze, gdzie mamy do czynienia z inicjacją mistrza wadżry, przestrzeganie zobowiązań tantrycznych staje się konieczne.

W praktyce trzech niższych tantr decydujące znaczenie ma zachowanie diety wegetariańskiej. Wegetarianizm zasługuje na szacunek. Możemy jednak zrozumieć, że ludzie zamieszkujący w przeszłości Tybet ze względu na warunki klimatyczne oraz niedobór świeżych warzyw nie zachowywali bezmięsnej diety. Obecnie jednak, zwłaszcza w krajach obfitujących w świeże warzywa i owoce, korzystniej jest ograniczać spożycie mięsa tak bardzo, jak to tylko możliwe. Zwłaszcza jeśli organizujecie festiwale bądź przyjęcia dla wielkiej grupy ludzi – byłoby dobrze, gdybyście zastrzegli, aby podawano potrawy wegetariańskie.

Jest taka tybetańska opowieść. Kiedyś pewien koczownik przybył z wizytą do Lhasy. Zobaczył tam ludzi żywiących się warzywami. Zdziwiło go to tak bardzo, że kiedy wrócił do domu, stwierdził, iż nie należy obawiać się, że mieszkańcy Lhasy umrą z głodu – jedzą wszystko, co jest zielone!

Buddyjskie stanowisko w kwestii wegetarianizmu, nawet z perspektywy winai, jest takie, że – oprócz kilku szczególnych sytuacji – nie ma wyraźnego zakazu spożywania mięsa. Pogląd ten przeważa w takich krajach jak Sri Lanka, Birma i Tajlandia, co odzwierciedla się w nawykach żywieniowych tamtejszych mnichów buddyjskich. Natomiast w zbiorach pism mahajany – pojazdu bodhisattwy – zakazuje się spożywania niewegatariańskich pokarmów. Ten ogólny zakaz nie zawsze jednak jest ściśle przestrzegany. I tak na przykład w *Istocie środkowej drogi* (*Madhyamakahṛdayakārikā*)[11] Bhawawiweka podnosi kwestię wegetarianizmu i jej znaczenia dla buddyjskiego stylu życia. Dowodzi, że ponieważ w chwili spożywania posiłku zwierzę już nie żyje, to zjedzenie go nie wyrządza bezpośrednio krzywdy czującej istocie. Jednak zakazuje przyjmowania mięsa bądź mięsnego posiłku, który się zamówiło, jeśli się wie czy choćby tylko żywi podejrzenie, że jakieś zwierzę zostało zabite właśnie dla nas. Takiego mięsa nie należy zjadać.

W trzech niższych klasach tantry spożywanie mięsa jest surowo zabronione. Jednakże w tantrze najwyższej jogi doradza się osobom praktykującym, aby darzyły zaufaniem pięć rodzajów mięsa i pięć rodzajów nektaru[12]. Doskonały praktyk tantry najwyższej jogi jest osobą o tak dużych zdolnościach, że dzięki sile swej medytacji jest w stanie przekształcić pięć rodzajów mięsa i nektaru w czyste substancje, sprawiając tym samym, iż staną się one przydatne dla wzbogacenia energii błogości drzemiącej w ciele. Dlatego może się zdarzyć, że ktoś będzie się starał usprawiedliwić spożywanie mięsa, tłumacząc, iż praktykuje tantrę najwyższej jogi. Jednakże osoba ta

[11] P 5255, t. 96, s. 416 (zob. bibliografia).

[12] Opisy pięciu rodzajów mięsa i pięciu nektarów można znaleźć w sadhanach bóstw medytacyjnych należących do tantry najwyższej jogi. Nie wymieniam ich tutaj ze względu na pewne tantryczne nakazy.

nie powinna zapominać, że substancje, które składają się na owych pięć rodzajów nektaru i mięsa uważa się w normalnych warunkach za nieczyste i wręcz odpychające. Ktoś autentycznie praktykujący tantrę najwyższej jogi nie czyni różnicy między spożywaniem mięsa a jedzeniem nieczystych substancji. My jednak zatykamy nosy, gdy znajdujemy się w pobliżu nieczystych substancji, nie mówiąc już o ich przełykaniu...

Chciałbym też poruszyć kwestię płci w buddyzmie. Jeśli idzie o praktykę winai – czyli reguł życia zakonnego – mężczyźni i kobiety mają jednakowe prawa do różnych poziomów wyświęcenia. Mamy więc świeckie osoby praktykujące płci męskiej i żeńskiej, nowicjuszy – mnichów i mniszki – a także w pełni wyświęconych mnichów i mniszki. Chociaż praktykującym mężczyznom i kobietom przyznaje się równe prawa do składania ślubów zakonnych, to jednak widać, że w porównaniu z w pełni wyświęconymi mniszkami w pełni wyświęconych mnichów uważa się za osoby godne większego szacunku. Można by więc powiedzieć, że mamy tu do czynienia z dyskryminacją. Ponadto w pismach hinajany są fragmenty, w których stwierdza się, że bodhisattwą na wyższym poziomie ścieżki – to jest takim, który znajduje się na progu pełnego oświecenia, czyli w tym życiu ostatecznie osiągnie pełne oświecenie – może być tylko mężczyzna[13]. Podobne stwierdzenie można znaleźć w pewnych sutrach mahajany, jak również w literaturze należącej do wszystkich trzech niższych klas tantry. Jednak stanowisko tantry najwyższej jogi jest odmienne. Tutaj, nawet na wstępnym etapie, otrzymanie uprawnień jest możliwe tylko na podstawie głębokiego doświadczenia seksualnego zjednoczenia. Oznacza to, że zarówno męskie, jak i żeńskie bóstwa muszą być obecne w mandali – zarówno dhjanibuddowie, jak i ich partnerki muszą istnieć razem w wizualizowanej mandali. Ponadto w tantrze najwyższej jogi, w kontekście ślubów i zobowiązań,

[13] Zob. np. Wasubandhu, *Abhidharmakośa*, rozdz. 4, strofa 109.

których należy dotrzymywać po inicjacji, kładzie się szczególny nacisk na charakter związków z kobietami. Na przykład poniżanie kobiet stanowi naruszenie jednego z podstawowych ślubów tantry, podczas gdy w wypadku poniżania mężczyzn tantry nie mówią o przekroczeniu podstawowego ślubu! Tu z kolei mężczyźni mogą mieć trudności ze zrozumieniem powodów jawnej dyskryminacji.

Ponadto w wielu tantrach matki – na przykład w *Wadżrajoginitantrze* – główne bóstwo mandali, którego dotyczy sadhana, czyli praktyka medytacji, ukazuje się w aspekcie żeńskim.

Osobom osiągającym wyższe stopnie ścieżki tantry zaleca się, aby znalazły sobie partnera, który da im impuls do dalszego rozwoju. Kiedy taki związek zaistnieje, w wypadku, gdy mężczyzna jest bardziej zaawansowany w praktyce, to on będzie wspierać swoją partnerkę w dążeniu do urzeczywistnienia różnych stanów końcowych. Analogicznie jest w wypadku, gdy to kobieta jest bardziej zaawansowana: ona także może wspierać swojego partnera w osiąganiu wyższych stanów medytacyjnych. Tak więc rezultaty praktyki nie mają związku z płcią medytującego.

Stąd w tantrze najwyższej jogi – na przykład w *Rdzennej tantrze Guhjasamadży* – wyraźnie stwierdza się, że kobieta również ma możliwość osiągnięcia pełnego oświecenia w czasie jednego życia. Jest to możliwe, ponieważ w tantrze, a zwłaszcza w tantrze najwyższej jogi, praktykujący angażuje się w badanie i rozwój własnego potencjału, a zwłaszcza podstawowego wrodzonego umysłu czystego światła. Pod względem owego podstawowego potencjału nie ma żadnej różnicy między mężczyzną a kobietą. Nie różnią się oni również co do możliwości osiągnięcia stanu buddy. Dlatego z ostatecznego punktu widzenia, z punktu widzenia tantry najwyższej jogi, w buddyzmie nie ma dyskryminacji z powodu płci.

5

Praktyka tantryczna – pierwsze trzy klasy tantry

Teraz chciałbym objaśnić ścieżkę praktyki tantrycznej. W niższych klasach tantry wspomina się o jej dwóch poziomach. Ujmując rzecz technicznie, nazywa się je *jogą ze znakami* i *jogą bez znaków*. Ponadto tantra czynu przedstawia swoją ścieżkę także z innej perspektywy, to znaczy pod kątem metod urzeczywistniania ciała, mowy i umysłu właściwych dla ostatecznego stanu buddy: ścieżka urzeczywistniania ciała oświeconej istoty jest znana jako wizualizacja bóstwa, ścieżka urzeczywistniania mowy oświeconej istoty to, jak się objaśnia, recytacja mantr* (recytacja szeptem oraz recytacja w myśli), a ścieżkę urzeczywistniania umysłu oświeconej istoty określa się technicznie jako „skupienie obdarzające wyzwoleniem na końcu dźwięku". Ten typ skupienia wymaga wykonania na wstępie specjalnych medytacji zwanych „skupieniem umiejscowionym w ogniu" i „skupieniem umiejscowionym w dźwięku"[14].

---

[14] Zob. s. 146 i 148. Więcej na temat znaczeń tych technicznych terminów pochodzących z tantr czynu i wykonania oraz na temat stanów medytacyjnych, które im odpowiadają, można znaleźć w: *The Yoga of Tibet*, tłum. Jeffrey Hopkins, George Allen and Unwin, London 1981 (wznow. jako *Deity Yoga*, Snow Lion, *Ithaca* 1987), s. 19–42 (tam tekst: Dalai Lama XIV Tenzin Gyatso, *Heart of Mantra*) oraz s. 155–171 (fragment z dzieła Congkhapy, *Wielki opis tantry*).

Tantryczni mistrzowie wyrażają odmienne opinie co do tego, czy praktyka tantry czynu obejmuje praktykę przebóstwiania się* czy też nie. Przeważa pogląd, że nie jest konieczne, aby osoby praktykujące tantrę czynu poddawały się przebóstwieniu, ponieważ medytację bóstwa można ograniczyć do wizualizowania jego formy przed sobą. Niemniej czołowi praktycy tantry czynu potrafią faktycznie dokonywać przebóstwienia i na tej podstawie wizualizować bóstwo.

Proces wizualizacji bóstwa, zgodnie z wyjaśnieniem tantry czynu, dokonuje się w sześciostopniowej medytacji wytwarzania bóstwa. Owymi sześcioma stopniami, przeznaczonymi dla najbardziej zaawansowanych praktyków tantry czynu, są: 1) bóstwo pustki, 2) bóstwo dźwięku, 3) bóstwo litery, 4) bóstwo formy, 5) bóstwo pieczęci oraz 6) bóstwo znaku (symbolu).

W tym kontekście bóstwo pustki, czyli bóstwo ostateczne, odnosi się do kontemplacji pustki siebie samego i bóstwa. Podczas medytacji rozważa się naturę pustki wspólną zarówno bóstwu, jak i własnej osobie. Jak mówi Arjadewa w *Czatuhśatace*[15], z punktu widzenia ostatecznej natury rzeczy nie ma żadnej różnicy pomiędzy różnorodnymi zjawiskami. Wszystkie one w jednakowy sposób nie mają wewnętrznego bytu i dlatego są „jednego smaku". Dlatego też twierdzimy, że wielorakość i różnorodność powstają z „jednego smaku". Chociaż wszystkie zjawiska mają identyczną naturę pustki, na poziomie konwencjonalnym manifestują się w wielu różnych formach. Możemy zatem mówić o różnorodności wyłaniającej się z jedności.

Na drugim stopniu jest bóstwo dźwięku. Wyobrażamy sobie, że ze sfery pustki – owej jednolitej ostatecznej natury zarówno nas, jak i bóstwa – wyłania się bóstwo i medytujący, rozbrzmiewający dźwiękiem mantry. Nie przyjmuje ona formy liter – jest samym dźwiękiem. Podtrzymywanie owej kontemplacji stanowi drugi stopień, stopień bóstwa dźwięku.

---

[15] Rozdz. 8, strofa 16.

Na stopniu trzecim – bóstwa litery – praktykujący wizualizuje, że z wnętrza owego stanu samorozbrzmiewającej mantry w miejsce medytującego pojawia się spoczywająca na dysku białego księżyca mantra w formie liter.

Stopień czwarty to bóstwo formy. Na tym stopniu osoba medytująca faktycznie tworzy formę bóstwa z liter mantry. Po nim następuje kolejny stopień, bóstwo pieczęci, czyli mudra. Po przebóstwieniu siebie osoba praktykująca wykonuje odpowiednie mudry, czyli symboliczne gesty[16]. Na przykład w wypadku linii lotosu wykonuje się odpowiednie gesty na poziomie serca. To konstytuuje bóstwo mudry.

Stopień piąty to stopień bóstwa symbolu. Wiąże się on z procesem, podczas którego, po wykonaniu symbolicznych gestów, wizualizuje się trzy części ciała – czubek głowy, gardło i serce – jako naznaczone trzema sylabami nasiennymi*: OṀ, ĀḤ i HŪṀ. Następnie prosi się istoty mądrości, aby połączyły się z naszym ciałem. To jest stopień ostatni – bóstwa symbolu.

We wszystkich buddyjskich praktykach tantrycznych, zanim praktykujący dokona przebóstwienia siebie, musi oddawać się medytacji pustki. Przy każdej okazji, nim dokona się przebóstwienia, bez względu na to, czy sadhana[17] rozpoczyna się od sanskryckich wyrażeń:

---

[16] Zob. *The Yoga of Tibet*, tłum. Jeffrey Hopkins. Zamieszczono tam fotografie niektórych najważniejszych mudr, wykonywanych w trakcie rytuałów tantr czynu i wykonania.

[17] Termin *sādhana* (dosłownie „metoda dojścia") określa podręcznik medytacji prezentujący kluczowe elementy praktyki jogi bóstwa. W większości przypadków termin ten odnosi się do tekstów opisujących procedurę, zgodnie z którą osoba medytująca musi postępować, aby całkowicie przekształcić się w odpowiednie bóstwo. Sadhana składa się z następujących elementów: praktyk wstępnych, takich jak modlitwy wzywające mistrzów należących do linii przekazu danej tantry do udzielenia inspiracji; pewnej formy rozpuszczania się w pustce; wyłaniania się w postaci bóstwa ze sfery pustki, co obejmuje także wizualizację mandali; specyficznej medytacji polegającej na doskonaleniu dumy bóstwa (poczucia tożsamości z bóstwem) oraz na postrzeganiu bóstwa medytacyjnego; recytacji mantry oraz z praktyk końcowych.

OṀ SVABHĀVAŚUDDHĀ SARVADHARMĀ SVABHĀVAŚUDDHO 'HAM czy OṀ ŚŪNYATĀ JÑĀNA VAJRA SVABHĀVĀTMAKO 'HAM itp., czy też nie, zawsze powinno się wykonywać medytację pustki. W ten sposób przetwarza się własną mądrość – świadomość pustki – w formę bóstwa. Początkowo odbywa się to tylko na poziomie wyobraźni. Jednak faza ta stanowi rodzaj próby, która ma nas przygotować na ostateczne doświadczenie, kiedy to w formie bóstwa faktycznie pojawi się nasza własna mądrość rozpoznająca pustkę. Dlatego, jeśli nie rozumie się pustki, czy to zgodnie z wykładnią jogaczary, czy madhjamaki, bardzo trudno jest osiągnąć sukces w praktyce tantrycznej jogi. Postać bóstwa powstałego dzięki mądrości rozpoznającej pustkę konstytuuje *rozległe koło bóstwa* lub *metodyczny aspekt ścieżki.* Praktykujący musi także co jakiś czas utwierdzać się w świadomości tego, że naturą wizualizowanego bóstwa jest pustka. Na tym, w skrócie, polega medytacja mahamudry*, czyli „wielkiej pieczęci", która według tantry czynu przyspiesza dojrzewanie zdolności praktykującego do urzeczywistnienia ciała formy oświeconej istoty.

Jeśli medytujący nie osiągnął wcześniej uspokojenia umysłu na drodze medytacji jednoupunktowienia, ale doskonali śamathę* dzięki praktyce tantrycznej, to po wizualizacji bóstwa, a przed recytacją mantry, powinien skupić się właśnie na doskonaleniu jednoupunktowienia.

W tym miejscu sadhany przystępujemy zatem do medytacji. Wiele tantrycznych podręczników oraz tekstów rytualnych zaleca, aby w chwili, gdy poczujemy się zmęczeni medytacją, odstąpić od niej i zacząć recytować mantrę. Ci z kolei, którzy poczują się zmęczeni, oddając się intensywnej recytacji mantry, a nie właściwej medytacji, nie mają innego wyjścia, jak tylko zakończyć sesję! W tekstach i podręcznikach medytacji główny nacisk kładzie się na medytację, podczas gdy recytacja mantry jest dodatkiem do niej.

Tantra czynu mówi o dwóch sposobach recytacji mantry. Pierwszy z nich to recytacja szeptem. Mantrę recytuje się tak cicho, że osoba recytująca sama ledwie ją słyszy. Drugi to recytacja w myśli. W ogóle nie wypowiada się mantry, tylko wyobraża się sobie jej dźwięk.

W kontekście rodzajów medytacji nauczanych w sadhanach, w tantrze czynu wymienia się *dwie ścieżki*: *głęboką* i *rozległą*. Praktyka głębokiej ścieżki wiąże się ze szczególną, jedyną w swoim rodzaju medytacją pustki, tj. medytacją natury wizualizowanego bóstwa. Skupienie się na naturze bóstwa, czyli właśnie na pustce, znacznie pogłębia praktykę. Medytacja rozległej ścieżki ma dwa aspekty. Po pierwsze, dąży się do wizualizowania wyraźnej postaci bóstwa. Następnie, opierając się na utrwalonym i wyraźnym przedstawieniu samego siebie w jego formie, dąży się do rozwinięcia dumy bóstwa, czyli utożsamienia się z nim. Innymi słowy, wytworzywszy najpierw wyraźną wizualizację siebie jako bóstwa, rozwija się następnie silne poczucie dumy bycia bóstwem.

Indyjski mistrz Buddhaśridżńana w jednym ze swoich podręczników medytacji[18] stawia następujące pytanie: „Ponieważ podstawową przyczyną naszego życia w kole istnienia jest niewiedza i ponieważ nie znajdujemy w jodze bóstwa na etapie tworzenia wyraźnie wyodrębnionej medytacji pustki, to jak możemy utrzymywać, że joga bóstwa stanowi antidotum dla niewiedzy, siłę, która ją usuwa?". Odpowiedź brzmi: „Joga bóstwa na tantrycznym etapie tworzenia polega na medytacji pustki, która stanowi naturę bóstwa. Zatem nie tylko wizualizuje się bóstwo, ale także, utrzymując wizerunek bóstwa, kontempluje się jego pustą naturę. W związku z tym dochodzimy do wniosku, że praktyka jogi bóstwa ma dwa aspekty: skupienia na konwencjonalnej naturze bóstwa, czyli jego wizerunku, i skupienia na ostatecznej naturze bóstwa, czyli na jego pustce.

Tantra mówi też o trzech rodzajach postaw: 1) traktowaniu wszystkich zjawisk jako bóstw boskiej mandali i środowiska udzielającego

---

[18] *Sadhana zwana Wszelką Pomyślnością* (*Samantabhadranāmasādhana*).

wsparcia, 2) traktowaniu wszystkich dźwięków jako mantr oraz 3) traktowaniu wszystkich świadomych doświadczeń i samej świadomości jako różnych aspektów niedualnej mądrości bóstwa. Postawę pierwszą – wyobrażanie sobie, że wszystko, co się jawi, stanowi boskie ciało i udzielającą wsparcia mandalę bóstwa – należy pojmować raczej jako szczególny sposób postrzegania rzeczywistości rozwijany nie z powodu wiary w jego zgodność z rzeczywistością, lecz w bardzo konkretnym celu, który wykracza poza nasze poczucie normalności. Na poziomie naszej wyobraźni staramy się zatem rozwinąć zdolność postrzegania wszystkich zjawisk jako form bóstwa. Nasze postrzeganie każdej myśli pozostaje zawsze w kontekście pustki.

Istnieje też jednak odmienna opinia, według której postawa taka nie dotyczy wyłącznie wyobraźni, lecz stanowi świadectwo właściwego zrozumienia faktycznego stanu rzeczy. W tradycji Sakji, w ramach praktyki *lamdre*, znaczenie tantry, czyli „ciągłości", wyjaśnia się, używając pojęcia „trzech tantr"[19]. Pierwsza z nich, tantra przyczyny, odwołuje się do fundamentalnej podstawy, która jest źródłem zarówno sansary, jak i nirwany, i na poziomie której są one sobie równe. Aby praktykujący mógł postrzegać wszystko jako czyste i boskie, wprowadza się go w pogląd o niepodzielności sansary i nirwany, a tym samym w naturę fundamentalnej podstawy.

Podobnie wielki mistrz dzogczien, Dodrub Dzigme Tenpej Nima, w *Ogólnej prezentacji Guhjagarbhy* (*gSang ba snying po'i spyi don*) stwierdza, że doskonalenie czystego postrzegania – tj. poglądu głoszącego, iż wszystkie rzeczy i zdarzenia, które pojawiają się w sansarze i nirwanie, są w istocie manifestacjami, „zabawą" czy też „grą" fundamentalnej podstawy – nazywa się, zgodnie ze specyficzną terminologią szkoły Ningmy, *rigpą*, czyli pierwotną świadomością. Stanowi ona podstawę, źródło zjawisk. Wszystko, co się pojawia i wy-

[19] Zob. s. 152.

darza w przestrzeni rzeczywistości – sansara i nirwana – jest manifestacją, grą świadomości. Zatem pierwotną świadomość utożsamia się z najsubtelniejszym poziomem czystego światła.

Filozofia madhjamaki także mówi o pustce jako początku wszystkich konwencjonalnych zjawisk. Pustka w pewnym sensie jest jak stwórca, gdyż na wszystkie zjawiska można spojrzeć jako na różne manifestacje owej leżącej u podstaw ostatecznej natury. W ten sam sposób, zgodnie z wyjaśnieniami udzielanymi w tradycji Sakji, jak i przez mistrza tradycji Ningmy, Dodruba Dzigme Tenpeja Nimę, wszystkie zjawiska pojawiające się w kołowrocie istnienia i w nirwanie są manifestacjami, czyli „grą" pierwotnej świadomości, tj. fundamentalnej podstawy. Świadomość ta – subtelny umysł czystego światła – jest wieczna w swojej ciągłości, a jej zasadnicza natura nie jest skażona splamieniami niewiedzy. Dlatego jest czysta i przejrzysta. Z tego punktu widzenia możliwe jest rozszerzenie poglądu o czystości tak, aby obejmował wszystkie zjawiska, które faktycznie są manifestacjami, „grą" fundamentalnej podstawy. Musicie jednak pamiętać, że te dwa głębokie wyjaśnienia są dane z punktu widzenia tantry najwyższej jogi.

W tym miejscu sadhany powinniście się zaangażować w głęboką medytację we wcześniej opisany sposób. Gdy zaczynacie odczuwać wyczerpanie bądź gdy stajecie się senni, powinniście przejść do recytacji mantry.

Mówiliśmy już, że na metody urzeczywistnienia mowy oświeconej istoty składają się różne sposoby recytacji mantry – szeptem i w myśli. Istnieją także metody prowadzące do urzeczywistnienia umysłu oświeconej istoty, na przykład skupienie umiejscowione w ogniu, skupienie umiejscowione w dźwięku i skupienie obdarzające wyzwoleniem na końcu dźwięku.

Skupienie umiejscowione w ogniu jest medytacją, podczas której praktykujący wizualizuje różne mantry i sylaby nasienne w sercu bóstwa medytacyjnego i wyobraża sobie płomienie wydobywające się z sylab mantry. Podczas *skupienia umiejscowionego w dźwięku* nacisk jest kładziony przede wszystkim na ton recytowanej mantry. Praktykujący wyobraża sobie mantrę, a następnie skupia się na jej tonie, tak jakby słuchał recytacji prowadzonej przez kogoś innego, a nie przez siebie. W ten sposób praktykujący doskonali jednoupunktowienie, czyli spokój umysłu. W tantrze czynu znajdujemy fragmenty, które mówią, że poprzez praktykowanie skupienia umiejscowionego w ogniu, praktykujący rozwija fizyczną i umysłową elastyczność. Następnie, poprzez medytację polegającą na skupieniu umiejscowionym w dźwięku, praktykujący osiąga spokój, czyli jednoupunktowienie umysłu. Trzeci rodzaj praktyki to *skupienie obdarzające wyzwoleniem na końcu dźwięku*. Dzięki praktykowaniu tej medytacji osiąga się – według tantr czynu i wykonania – ostateczne wyzwolenie.

Gdybyśmy mieli umieścić nauki tantryczne w jednym z trzech zbiorów pism – dyscypliny, kazań i metafizyki – należałoby je zaliczyć do zbioru kazań. Sam Budda powiedział w tantrze, że będzie jej nauczał zgodnie ze stylem nauk udzielanych w sutrach. Wypowiedź ta pokazuje, że wyjątkową cechą tantr, wspólną wszystkim jej czterem klasom, która odróżnia praktykę tantryczną od praktyki sutr, są specjalne techniki doskonalenia stabilności medytacji, gdyż właśnie stabilność jest głównym tematem zbioru kazań.

Ogólnie mówiąc, spokój jest osiąganym podczas medytacji stanem skupienia umysłu, w którym praktykujący może utrzymać jednoupunktowioną uwagę na wybranym przedmiocie. Dlatego techniki służące jego doskonaleniu muszą mieć charakter wyciszający, a nie analityczny. Z drugiej strony, głęboki wgląd stanowi analityczny typ medytacji i dlatego techniki służące doskonaleniu wglądu z natury muszą być analityczne.

Spokój czy też wyciszenie umysłu jest stanem wzmożonej świadomości, w którym świadomość w znacznym stopniu pozostaje jednoupunktowiona i w którym osoba praktykująca przejawia zdolność zachowania umysłowej i fizycznej elastyczności. Ciało i umysł stają się nadzwyczaj giętkie, wrażliwe i zarazem użyteczne. Głęboki wgląd jest stanem wzmożonej świadomości, któremu także towarzyszy umysłowa i fizyczna elastyczność i w którym zdolność analizy zostaje niezmiernie rozwinięta. Tak więc spokój jest w istocie stanem skupienia, podczas gdy głęboki wgląd ma charakter analityczny.

Mówiąc o medytacji, musimy pamiętać, że istnieje wiele jej rodzajów. W niektórych umysł zostaje skierowany na jakiś przedmiot – na przykład w medytacji pustki przedmiotem umysłu jest pustka. W innych rodzajach medytacji przekształca się stan umysłu – tak jak podczas medytacji miłości, kiedy praktykujący wzbudza ją w umyśle. W jeszcze innych – praktykujący tworzy wizualizację, a następnie używa jej w medytacji. To tylko kilka z wielu różnych typów pracy z umysłem. Termin „medytacja" ma zatem różne konotacje.

W sutrach oraz trzech niższych tantrach wyjaśnia się, że osiągnięcie spokoju i głębokiego wglądu następuje jedno po drugim. Najpierw musimy osiągnąć spokój, który następnie doprowadzi nas do głębokiego wglądu. Kiedy w czasie sesji medytacyjnej pogłębiamy spokój umysłu, utrzymujemy jedynie jednoupunktowienie i nie dokonujemy analizy. Gdy doskonalimy głęboki wgląd, stosujemy analizę. Są to, jak się uważa, dwa odrębne i niezależne procesy.

Tantra najwyższej jogi dysponuje jedyną w swoim rodzaju metodą precyzyjnego określania i penetrowania podczas medytacji pewnych witalnych miejsc subtelnego ciała fizycznego, prowadząc w ten sposób do osiągnięcia głębokiego wglądu na drodze medytacji wyciszającej. Niektórzy zaawansowani praktykujący są w stanie osiągnąć urzeczywistnienie spokoju i głębokiego wglądu jednocześnie, a nie po kolei.

Trzeci wspomniany wyżej rodzaj jogi to skupienie obdarzające wyzwoleniem na końcu dźwięku. W niższych tantrycznych systemach określa się tak medytację pustki. Jest ona znana również pod nazwą jogi bez znaków, podczas gdy pierwsze dwa skupienia wraz z poprzedzającymi je medytacjami nazywa się jogą ze znakami. W tantrze czynu joga bez znaków to medytacja pustki oraz uświadomienie jej sobie.

Chciałbym także powiedzieć coś o tantrze wykonania. W tybetańskiej tradycji dość rzadko spotyka się mandale, które należałyby do tej klasy tantry. Najpopularniejszym bóstwem należącym do tej tantry jest Wairoczanabhisambodhi.

Tantra wykonania także mówi o ścieżce wiodącej do stanu buddy, posługując się kategoriami zarówno jogi ze znakami, jak i jogi bez znaków. Medytacja czy joga, w której nacisk jest położony na praktykę pustki, jest jogą bez znaków, natomiast w jodze ze znakami nie kładzie się nacisku na medytację pustki.

Praktykami koniecznymi zarówno w tantrze czynu, jak i wykonania są joga bóstwa oraz „poszukiwanie bliskości", czyli medytacja w odosobnieniu, której towarzyszy angażowanie się w określone działania związane z praktyką danego bóstwa. Polegają one między innymi na doskonaleniu się w nieśmiertelności i długowieczności w oparciu o długowieczność bóstw. W pismach tej tantry nie omawia się jednak szczegółowo innych działań, takich jak dochodzenie do najwyższej formy wyzwolenia itd.

Głównym bóstwem w tantrze jogi – czyli w trzeciej klasie według czworakiego podziału – której teksty zostały przełożone na tybetański, jest Wadżradhatu. Tantra Wairoczany również należy do tej klasy. W wypadku tantry jogi, objaśniając jej ogólną procedurę, wskazuje się na trzy aspekty: podstawę oczyszczenia, oczyszczającą ścieżkę oraz czyste skutki. Podstawą oczyszczenia są: ciało, mowa, umysł oraz zachowanie praktykującego. Oczyszczającą ścieżką jest praktyka czterech pieczęci: 1) wielkiej pieczęci, 2) pieczęci zjawisk, 3) pieczęci mądrości oraz 4) pieczęci czynu. Ponieważ istnieją cztery podstawy oczyszczenia, istnieją także cztery odpowiadające im oczyszczające ścieżki. Czystymi skutkami są: ciało, mowa, umysł oraz działania właściwe dla stanu buddy.

Rdzenny tekst tantry jogi zwany *Kompendium zasad* (*Sarvatathāgatatattvasaṁgraha*) składa się z czterech części. Sposób przedstawienia tej tantry odzwierciedla głównie owo poczwórne podejście. Chociaż otrzymałem inicjacje należące do tej klasy tantr, moje urzeczywistnienie nie jest wielkie, gdyż nie wykonywałem odpowiedniej praktyki medytacyjnej związanej z nimi. Dlatego pewnie lepiej będzie, jeśli zakończę swój wykład w tym miejscu.

6

Praktyka zaawansowana – tantra najwyższej jogi

Wprowadzenie

Dla nas, Tybetańczyków, tantra najwyższej jogi jest chlebem powszednim. Najlepiej znamy tę właśnie klasę tantry. W Japonii bujnie rozwijają się praktyki Wadżradhatu i Wairoczanabhisambodhi. Wydaje się więc, że niższe klasy tantry praktykuje tam wiele osób. Mam wrażenie, że tylko w tradycji tybetańskiej tantra najwyższej jogi jest tak zakorzeniona. Nie jestem jednak tego całkowicie pewny.

Tantra najwyższej jogi jest przeznaczona dla istot ludzkich zamieszkujących tę planetę, należących do sfery pożądania, których fizyczne ciała składają się z sześciu głównych składników. Trzy z nich – tkankę kostną, szpik kostny i płyn nasienny – otrzymujemy od ojca, a trzy – tkankę miękką (mięsną), skórę i krew – od matki[20].

Wyjątkową cechę tantry najwyższej jogi stanowi stosowanie na głębokiej ścieżce różnych technik medytacyjnych wykazujących podobieństwo nie tylko do końcowego stanu buddy, to jest do trzech kai[21],

---

[20] Odmienne wyliczenie można znaleźć w: Lati Rinpoche i Jeffrey Hopkins, *Death, Intermediate State and Rebirth in Tibetan Buddhism*, s. 30.

[21] Zależnie od kontekstu wylicza się różne kaje, czyli ciała oświeconej istoty. Na przykład istnieje podział na dwie kaje (ciało prawdy i ciało formy), trzy kaje (ciało prawdy,

ale – zwłaszcza – do tzw. podstaw oczyszczenia charakteryzujących zwykły poziom ludzkiego istnienia – na przykład do śmierci, stanu pośredniego i ponownych narodzin.

Ponadto, jak już wspomniałem, znaczenie terminu „tantra" zyskuje w tantrze najwyższej jogi większą głębię, gdyż jest on rozpatrywany z perspektywy trzech dziedzin znanych jako *trzy tantry*. Są to: 1) tantra przyczyny – podstawa, 2) tantra metody – ścieżka, oraz 3) tantra skutku – owoc. Wszystkie trzy poziomy wywodzą się ostatecznie z podstawowego wrodzonego umysłu czystego światła.

Doniosłość tego podziału polega na tym, że pozwala on docenić – o ile zostanie właściwie zrozumiany – wyjątkowość stanowiska prezentowanego przez szkołę Sakji, gdy ta mówi o tantrze przyczyny – zwanej podstawą wszystkiego bądź fundamentalną podstawą – odnosząc się tym samym do mandali i zamieszkujących ją bóstw. Zarówno jedno, jak i drugie faktycznie powstaje z owej fundamentalnej podstawy. Według tego stanowiska w fundamentalnej podstawie, w tym podstawowym potencjale, którym wszyscy dysponujemy, wszystkie zjawiska podstawy (czyli zjawiska codziennego poziomu) są obecne w formie swoich cech, wszystkie zjawiska ujawniające się na ścieżce są obecne w formie właściwości oświeconej istoty, a wszystkie zjawiska końcowego stanu buddy są obecne potencjalnie.

Z tego samego powodu w pismach Ningmy, czyli szkoły starego przekładu, znajdujemy takie wyrażenia, jak „spokój podstawy i skutku". Ponieważ wszystkie zjawiska ujawniające się w stanie końcowym są potencjalnie obecne w fundamentalnej podstawie, możemy zrozumieć także takie stwierdzenia: „Nie można ani połączyć, ani

---

ciało całkowitej radości oraz ciało emanacji) oraz cztery kaje (ciało natury, ciało mądrości[-prawdy], ciało całkowitej radości i ciało emanacji). W tantrze możemy także znaleźć podział na pięć kai. W tym ostatnim przypadku do oryginalnej listy czterech kai dodaje się piątą kaję zwaną ciałem współwyłaniającym się. Wykaz ten można znaleźć w tantrze zwanej *Doskonałe wypowiedzenie imienia Mandżuśriego* (*Aryamañjuśrīnāmasaṁgiti*). W tantrach istnieje jednak kilka różnych systemów wyliczania pięciu kai.

wyodrębnić chwalebnego ciała i chwalebnej mądrości". Przez ciało i mądrość oświeconej istoty rozumie się dwie kaje – rupakaję, czyli ciało formy, i dharmakaję, czyli ciało prawdy.

Powinniśmy pamiętać, że takie właśnie jest ostateczne znaczenie twierdzeń zawartych w *Uttaratantrze* Maitrei, a głoszących, że splamienia umysłu są przypadkowe i przygodne, podczas gdy jego pozytywne jakości są w nim obecne w sposób naturalny[22]. Nie oznacza to jednak, że wszystkie pozytywne właściwości i stopnie urzeczywistnienia umysłu są już w nim obecne. Tkwią one bowiem tam – w podstawowym wrodzonym umyśle czystego światła – raczej jako możliwości, które należy dopiero zrealizować. Dlatego ważne jest, aby właściwie zrozumieć owe wyrażenia i związane z nimi pojęcia. W przeciwnym razie zachodzi niebezpieczeństwo, że będziemy podtrzymywać błędne twierdzenie podobne do tego, które głosi niebuddyjska szkoła sankhji – iż kiełek jest już obecny (w formie nieprzejawionej) w nasieniu.

Ujmując rzecz z takiego punktu widzenia, zrozumiemy także twierdzenia głoszące, że jeśli poznamy siebie, uzyskamy pełne oświecenie. Podobne stwierdzenia możemy znaleźć także w tantrze. W *Hewadżratantrze* czytamy: „[...] chociaż czujące istoty są w pełni oświecone, to jednak ulegają przygodnym splamieniom [...]". W *Kalaczakratantrze* także znajdujemy wypowiedzi na temat podstawowego wrodzonego umysłu czystego światła, ale służy temu odmienna terminologia. Umysł ten nazywa się tam *wszechprzenikającą przestrzenią wadżry*.

To dlatego w *Pięciu etapach* (*Pañcakrama*), komentarzu do nauki o pięciu stopniach na ścieżce spełnienia wyłożonej w *Guhjasamadżatantrze*, Nagardżuna wspomina, że praktykujący, pozostając w stanie medytacji ukierunkowanej na ułudę, postrzega wszystkie

[22] „Splamienia są przygodne, a pozytywne właściwości tkwią w sposób naturalny". *Uttaratantra*, rozdz. 1, strofa 51.

zjawiska z tej samej perspektywy[23]. Stwierdzenie to oznacza, że praktykujący na etapie spełnienia – o ile potrafi przejawić się w bardzo subtelnym ciele, zwanym *ciałem iluzorycznym*, które w istocie składa się z subtelnej energii i umysłu – rozszerza swoje postrzeganie tak, aby objąć nim wszystkie zjawiska; postrzega je jako manifestacje, czyli „zabawę" czy „grę" podstawowego wrodzonego umysłu czystego światła.

Postrzeganie wszystkich żywych istot jako manifestacji podstawowego wrodzonego umysłu czystego światła może być uzasadnione, gdyż ostatecznie to z tego źródła biorą początek wszystkie czujące istoty. Dlatego umysł ten jest początkiem. Możemy jednak zapytać, jak mamy rozumieć twierdzenie, że cały wszechświat, łącznie ze środowiskiem naturalnym, jest manifestacją czy też grą podstawowego wrodzonego umysłu czystego światła. Z pewnością nie powinniśmy tego rozumieć na sposób czittamatry, czyli szkoły „tylko umysłu", która utrzymuje, że środowisko oraz zewnętrzne zjawiska nie mają realności różnej od tej, jaka jest udziałem przedmiotów będących wyłącznie projekcją umysłu. Ta buddyjska szkoła postrzega wszystkie zewnętrzne zjawiska tylko i wyłącznie jako refleksy naszego własnego umysłu i zaprzecza istnieniu zewnętrznej rzeczywistości mającej atomową strukturę.

Sens *Pańczakramy* Nagardżuny jest nieco inny. Otoczenie i zewnętrzne zjawiska należy pojmować raczej jako manifestacje, czyli przejawy owego podstawowego umysłu, niż jako byty, które w istocie są umysłem. Kiedy osoba doświadcza podstawowego wrodzonego umysłu czystego światła, czyli najsubtelniejszego poziomu, wszystkie zwykłe procesy umysłowe oraz odpowiadające im energie rozpuszczają się czy też cofają, a tym samym przestają funkcjonować. To,

---

[23] „Pozostając w stanie medytacji ukierunkowanej na ułudę, wszystko [postrzegam] podobnie". Cytat za: Congkhapa, *Lampa jasno oświetlająca pięć etapów*, t. *ja* (7), folio 210b.

co się jawi owemu subtelnemu umysłowi, określa się jako *czystą pustkę*, ponieważ doświadczenie to przypomina stan zrównoważenia medytacji bezpośrednio rozpoznającej pustkę.

Tantra najwyższej jogi naucza różnych technik służących wykorzystaniu podstawowego wrodzonego umysłu czystego światła manifestującego się w sposób naturalny w chwili śmierci. Umysłu tego można użyć do pozytywnych celów przez przetworzenie jego aktywności w cnotę bądź praktykę na ścieżce wyzwolenia. W systemie sutr mówi się ogólnie, że ostatni moment świadomości – świadomość w chwili śmierci – jest neutralny, ani pozytywny, ani negatywny. W tantrze istnieją jednak metody pozwalające wykorzystać także ostatni moment świadomości, tak że traci on neutralność i zostaje przekształcony w stan cnoty.

Mówi się, że w porównaniu z negatywnymi stanami umysłu, stany pozytywne są znacznie silniejsze, gdyż mają solidny punkt oparcia: są racjonalne i niezafałszowane. Ponadto można ich świadomie doznawać zawsze, gdy w sposób naturalny pojawia się doświadczenie czystego światła, na przykład w chwili śmierci. Z drugiej strony, negatywne stany umysłu nie mogą powstawać ani trwać w chwili śmierci – ani też kiedykolwiek, gdy pojawia się stan czystego światła.

Zarówno reprezentujące tradycję Kagiu stanowisko mahamudry, czyli wielkiej pieczęci, jak i stanowisko szkoły wielkiej doskonałości nauczającej praktyki *przedarcia się*[24] zbiegają się w tym samym

---

[24] Duddziom Rinpocze uważa przedarcie się za jedną z dwóch głównych ścieżek prowadzących do pełnego urzeczywistnienia pierwotnej świadomości, drugą jest przeskok. Określa je następująco: „[...] „przedarcie się" (*khregs chod*, wym. *treg czie*), które jest ukierunkowane na aspekt pustki, czyli pierwotnie czystą świadomość bez pojęć, i w ten sposób wywołuje ustanie pustych zjawisk, i „przeskok" (*thod rgal*, wym. *ty gal*)), który całkowicie spontanicznie przemienia zjawiskowy aspekt, czyli przedmioty materialne, w wewnętrzny blask i w ten sposób wywołuje ustanie zjawiskowej rzeczywistości". Zob. Dudjom Rinpoche, *The Nyingma School of Tibetan Buddhism*, t. 1, s. 334–345. Niniejsze tłumaczenie jest oparte na przekładzie Giurme Dordże, który poddano niewielkim zmianom.

punkcie: w doświadczeniu podstawowego wrodzonego umysłu czystego światła. W teorii dziewięciu pojazdów szkoły Ningmy wielką doskonałość, czyli dzogczien, przedstawia się jako pojazd najdoskonalszy. Uważa się tak, ponieważ w praktyce wielkiej doskonałości używa się raczej pierwotnej świadomości niż zwykłego umysłu, jak ma to miejsce w wypadku ośmiu pozostałych pojazdów. Jeśli jednak tak jest faktycznie, to jak zdołamy wyjaśnić, że owe różne poglądy – czy to mahamudra, czy praktyka przedarcia się nauczana w dzogczien, czy też tantra najwyższej jogi – prowadzą do tego samego: podstawowego wrodzonego umysłu czystego światła?

Odpowiedzi na to pytanie udzielił Dodrub Dzigme Tenpej Nima. Stwierdził on, że prawdą jest, iż tantra najwyższej jogi kładzie silny nacisk na badanie i rozwój podstawowego wrodzonego umysłu czystego światła, tak jak czynią to nauki wielkiej doskonałości. Różnica tkwi jednak w metodologii. W praktyce tantry najwyższej jogi techniki badania i rozwoju owego podstawowego umysłu objaśnia się jako stopniowy proces, który rozpoczyna się od medytacji na etapie tworzenia i ostatecznie prowadzi do medytacji na etapie spełnienia oraz do urzeczywistnienia czystego światła. W praktyce wielkiej doskonałości przeciwnie, do rozwoju podstawowego umysłu czystego światła nie przystępuje się stopniowo, lecz, wykorzystując pierwotną świadomość, czyni się to bezpośrednio, jak gdyby od samego początku doświadczało się samego umysłu czystego światła.

Odszyfrowywanie tantr – klucze interpretacyjne

Studiując tantrę najwyższej jogi, powinniśmy zawsze pamiętać, że nawet pojedyncze słowo, jakie się w niej pojawia, można interpretować na wielu różnych poziomach. Na tej samej zasadzie sutry mądrości interpretuje się na dwóch poziomach – na poziomie znaczenia wyraźnego i ukrytego. Jednakże w wypadku tantr proces interpretacji musi wnikać znacznie głębiej, obejmując wiele różnych poziomów odznaczających się jeszcze większym stopniem złożoności.

W tantrze pojedyncze słowo bądź wyrażenie może mieć cztery różne znaczenia odpowiadające czterem poziomom interpretacji znanym jako *cztery sposoby rozumienia.* Są to interpretacje na poziomach: 1) znaczenia dosłownego, 2) znaczenia ogólnego, 3) znaczenia ukrytego i 4) znaczenia ostatecznego[25].

Znaczenie pierwsze, dosłowne, to wyraźne znaczenie twierdzeń, które jest zrozumiałe na podstawie literackich konwencji i gramatycznej struktury zdań. Natomiast znaczenie drugie, ogólne, odnosi się do tego poziomu znaczeń, który jest związany z praktyką medytacji oraz sposobem postępowania wspólnym dla niższych tantr. W tym kontekście słowo „ogólne" znaczy „powszechne". Jeśli chodzi o trzecie znaczenie, ukryte, można mówić o trzech jego rodzajach. Są to: 1) ukryta metoda włączania pożądania w ścieżkę, 2) ukryte zjawiska, na przykład „pojawienie się białego blasku", „wzmaganie się czerwonego blasku" oraz „zbliżenie się czerni"[26] i 3) ukryta prawda konwencjonalna, ciało iluzoryczne[27]. Chociaż w pismach należących do tantry najwyższej jogi są to ważne kwestie, to w niższych tantrach nie zostały one jasno postawione, lecz tylko niewyraźnie się o nich wspomina. Znaczenie czwarte to znaczenie ostateczne. Słowo „ostateczne" odnosi się do czystego światła oraz głębokiego zjednoczenia, które

---

[25] Jak Jego Świątobliwość wspomina dalej, główną objaśniającą tantrą, która daje skrótowy przegląd owych kluczy interpretacyjnych, jest *Kompendium mądrości wadżry.* Szczegółowy komentarz do tego ważnego hermeneutycznego tekstu pozostawił Congkhapa w *Prezentacji kompendium mądrości wadżry* (*dPal gsang ba 'dus pa'i bshad pa'i rgyud ye shes rdo rje kun las btus pa'i rgya cher bshad pa / rGyud bshad thabs kyi man ngag gsal bar bstan pa*), Pisma zebrane, t. *ca* (5). Hermeneutyczne metody wywiedzione z tej tantry i komentarz Congkhapy omówił współcześnie Roberth Thurman w tekście *Vajra Hermeneutics* [w:] *Buddhist Hermeneutics*, red. Donald Lopez, Jr., Motilal Banarsidass, Delhi 1993, s. 119–148.

[26] Szczegółowe omówienie owych trzech etapów i ogólny opis procesu rozpuszczania można znaleźć w: Lati Rinpoche i Jeffrey Hopkins, *Death, Intermediate State and Rebirth in Tibetan Buddhism*, Rider and Company, London 1979, s. 32–45.

[27] Inaczej mówiąc, istnieją trzy sfery, trzy grupy zjawisk, do których może się odnosić słowo na poziomie znaczenia ukrytego. Dlatego mówi się o trzech jego rodzajach (przyp. tłum.).

stanowią ostateczny cel wszystkich pism i praktyk tantry najwyższej jogi.

Tantry wspominają także o innym hermeneutycznym narzędziu, które może być pomocne podczas studiowania tekstu należącego do tantry najwyższej jogi. Tym narzędziem jest *sześć parametrów*. Są to trzy pary sprzecznych tez, które w sposób naturalny opisują sens tekstu: 1) określające to, co interpretowalne i definitywne, 2) określające to, co zamierzone i niezamierzone, oraz 3) określające to, co dosłowne i przenośne.

Konsekwencją takiego wieloaspektowego podejścia do rozumienia tantrycznych nauk, ujawniającą się podczas nauczania tantry, są dwa style jej objaśniania: stosowany podczas nauczania grupy uczniów oraz stosowany w bezpośrednim kontakcie nauczyciela z uczniem.

Kwestie omawiane w tantrycznych traktatach zawsze są przedstawiane zgodnie ze sposobem postępowania na ścieżce sutr. Służy to przedstawieniu tantry jako autentycznej buddyjskiej praktyki prowadzącej do ostatecznego osiągnięcia stanu buddy. Wszelkie subtelne zawiłości i różnice między poszczególnymi tantrami powstają w związku z różnymi umysłowymi dyspozycjami, naturalnymi skłonnościami oraz fizycznymi charakterystykami praktykujących. Dlatego właśnie większość tantr poprzedza wstęp, omawiający głównie stosowne kwalifikacje wymagane od praktykującego. Wymienia się różne typy praktykujących. Najlepszym jest „praktykujący, który przypomina klejnot". Celem, jaki przyświeca wyjaśnianiu tantr w tak złożony sposób, jest stworzenie odpowiednim osobom możliwości uświadomienia sobie dwóch prawd. Nie chodzi tu o prawdy nauczane w sutrach, lecz o ostateczną i konwencjonalną prawdę tantry najwyższej jogi. Takie podejście do interpretacji tekstu zostało szczegółowo omówione w tantrze objaśniającej, zatytułowanej *Kompendium mądrości wadżry* (*Jñānavajrasamuccayanāmatantra*).

Kolejną cechą tantr jest to, że niemal wszystkie one zaczynają się od dwóch sylab: E i WAM. Sylaby te zawierają w sobie całą istotę i znaczenie wszystkich tantr i to nie tylko ich znaczenie dosłowne, ale także ostateczne. Każda tantra, jako tekst, składa się z wielu różnych sylab, które wszystkie dają się ostatecznie zredukować do samogłosek i spółgłosek. Podobnie wszystkie sylaby zawarte są w dwóch sylabach E i WAM. Ponieważ całe znaczenie tantry skupia się w trzech czynnikach – podstawie, ścieżce i skutku – to wszystkie aspekty podstawy, ścieżki i skutku zawarte są także w znaczeniu E i WAM. Tak więc E i WAM obejmują faktycznie całość zagadnień tantry.

W podobnym stylu Czandrakirti we wprowadzających strofach znanego komentarza do *Guhjasamadżatantry* zatytułowanego *Jasna lampa* (*Pradīpoddyotananāmaṭīkā*) podsumowuje zwięźle całościowe znaczenie tantry[28]. Pisze tam, że pierwszym etapem tantrycznej praktyki prowadzącym do urzeczywistnienia ciała bóstwa jest etap tworzenia, etapem drugim jest medytacja natury umysłu, etapem trzecim – dotarcie do prawdy konwencjonalnej, a czwartym – oczyszczenie jej. Połączenie obu prawd jest etapem piątym. Nazywa się go zjednoczeniem. Etapy te to człony tantry. W istocie obejmują one całość zagadnień tantry najwyższej jogi[29].

Czandrakirti w swoim traktacie objaśnia całą tantryczną ścieżkę, dzieląc ją na pięć etapów: najpierw ma miejsce etap tworzenia, a następnie cztery wspomniane wyżej etapy spełnienia. Ponieważ ścieżka dzieli się na różne części, istnieją różne inicjacje. Stanowią

[28] *Pradipoddjotananamatika*, rozdz. 1, strofa otwierająca. W tym momencie wykładu Jego Świątobliwość wspomniał, że w związku ze sławą Czandrakirtiego istniało kiedyś takie znane powiedzenie: „Tak jak słońce i księżyc są na niebie, tak też «dwie jasności» są na ziemi". Te „dwie jasności" to teksty Czandrakirtiego: *Pradipoddjotananamatika* i *Prasannapada* – komentarz do *Mulamadhjamakakariki* Nagardżuny. W tybetańskich tytułach obu tych tekstów występuje słowo *sel* (*gsal*), które znaczy „jasny" czy też „promienny".

[29] *Pradipoddjotananamatika*, rozdz. 1, strofy 2–4. Pięcioma etapami wymienionymi przez Czandrakirtiego w tym fragmencie są: 1) etap tworzenia, 2) odseparowanie umysłu, 3) ciało iluzoryczne, 4) czyste światło i 5) zjednoczenie. Odpowiadają im następujące inicjacje: 1) inicjacja wazy, 2) inicjacja tajemna (dla etapów 2 i 3), 3) inicjacja mądrości-poznania (dla etapu 4) i 4) inicjacja słowa (dla etapu 5).

one odpowiednie dla tych ścieżek czynniki przyspieszające dojrzewanie. Inicjacją, która uprawnia osobę praktykującą do przystąpienia do praktyki etapu tworzenia, jest inicjacja wazy. Inicjacja druga – tajemna – jest inicjacją, która uprawnia osobę praktykującą do zaangażowania się w praktykę iluzorycznego ciała. Ścieżka iluzorycznego ciała obejmuje także *trzy odosobnienia*: stabilizację medytacji na odosobnionym ciele, na odosobnionej mowie i na odosobnionym umyśle. Są to wstępne stopnie wiodące do praktyki iluzorycznego ciała. Trzecia inicjacja, inicjacja mądrości-poznania, uprawnia osobę praktykującą do podjęcia medytacji czystego światła. Medytacja ta, oczyszczając iluzoryczne ciało, przekształca je w czyste światło. Czwarta inicjacja, czyli inicjacja słowa, uprawnia praktykującego do podjęcia medytacyjnych praktyk zjednoczenia.

Błogość i pustka

Terminu „zjednoczenie" używa się w tantrze najwyższej jogi na dwa główne sposoby: jako zjednoczenie dwóch prawd oraz jako połączenie błogości i pustki. W kontekście zjednoczenia dwóch prawd opisana poniżej niepodzielna jedność błogości i pustki sama stanowi jeden przedmiot (ostateczną prawdę) pozostający w jedności z ciałem iluzorycznym (prawdą konwencjonalną). Kiedy te dwa zostaną z sobą nierozerwalnie połączone, osiąga się doskonałe zjednoczenie dwóch prawd.

Zjednoczenie błogości i pustki to nierozerwalne połączenie mądrości rozpoznającej pustkę i głębokiego doświadczenia błogości. Podczas zjednoczenia zdobyta wcześniej mądrość rozpoznająca pustkę zostaje przetworzona w stan błogości. Zatem owych dwóch stanów – mądrości i błogości – doświadcza się w jednym mgnieniu świadomości. Zjednoczenie, o którym tu mowa, może być także skutkiem zastosowania głębokiego doświadczenia błogości do rozpoznania pustki. Innymi słowy, zjednoczenie błogości i pustki można uzyskać na dwa sposoby. Niektórzy z praktykujących mogą doświadczyć stanu błogości w rezultacie rozpuszczenia witalnych kropli w kanałach energetycznych, a następnie, korzystając z owego doświadczenia, ostatecznie dojść do rozpoznania pustki. Jednakże u większości osób praktykujących tantrę najwyższej jogi rozpoznanie pustki poprzedza rzeczywiste doświadczenie wielkiej błogości.

Niektórzy z praktykujących mogą reprezentować pogląd na pustkę bliższy poglądom szkół jogaczary bądź swatantrikamadhjamaki* niż szkole prasangikamadhjamaki. Stosując pewne tantryczne medytacje, takie jak rozniecanie wewnętrznego żaru bądź penetrowanie witalnych miejsc ciała przy użyciu jogi wiatru, praktykujący może doświadczyć rozpuszczenia składników ciała, co powoduje odczucie błogości, a ostatecznie prowadzi do osiągnięcia stanu, w którym można rozpuścić „grube" poziomy umysłu i odpowiadające im energie. Dzięki doświadczeniu medytacyjnemu na tak głębokim poziomie, nawet jeśli towarzyszy mu niepełne zrozumienie pustki, praktykujący jest w stanie zbliżyć się do jej subtelniejszego zrozumienia, aby ostatecznie dostrzec, że każde zjawisko jest jedynie tworem umysłu – określeniem przypisanym pewnej podstawie. Doświadczenie wielkiej błogości może pomóc osobie praktykującej dostrzec, że wszystkie rzeczy i zdarzenia są tylko jej manifestacjami, czyli „grą" subtelnego wiatru. Dzięki temu medytujący może osiągnąć najsubtelniejsze doświadczenie pustki. Praktykujący w ten sposób najpierw uzyskuje doświadczenie błogości – rozpoznanie pustki przychodzi później.

Zazwyczaj jogin powinien rozpoznać pustkę, zanim otrzyma inicjację tantry najwyższej jogi. W tym wypadku mądrość rozpoznająca pustkę jest osiągana przed doświadczeniem błogości. Zaawansowany adept tantry w czasie sesji medytacyjnej ukierunkowanej na jaźń czy też „ja" wykorzystuje metody polegające na rozniecaniu wewnętrznego żaru, praktykowaniu jogi bóstwa bądź penetrowaniu witalnych miejsc ciała poprzez pracę z subtelnymi energiami itd. Medytujący rozpuszcza w ciele krople, esencjalne składniki, i dzięki sile wytworzonego na wstępie pożądania doświadcza stanu wielkiej błogości. W tym miejscu medytujący roz-poznaje wcześniejsze doświadczenie pustki i łączy tę świadomość z doświadczeniem wielkiej błogości.

Jak wejść w takie doświadczenie wielkiej błogości? Kiedy krople rozpuszczają się w ciele, doświadczamy niezwykłego uczucia, które powstaje w kanale centralnym. Wywołuje ono intensywne doświadczenie fizycznej błogości, które z kolei wprowadza nas na bardzo subtelny poziom doświadczenia błogości umysłu. Kiedy następnie czynimy przedmiotem refleksji nasze rozumienie pustki, owa błogość umysłu automatycznie łączy się z pustką. Tak wygląda metoda łączenia błogości i pustki.

Ważne jest, abyśmy dokładnie zrozumieli znaczenie każdego terminu czy też wyrażenia występującego w tantrze, pamiętając zwłaszcza o wielości znaczeń zmieniających się w zależności od różnego kontekstu. Ogólnie mówiąc, istnieją *trzy różne rodzaje błogości*: 1) wywołana wydzielaniem się płynów ustrojowych, 2) wywołana przepływem witalnych energii w kanałach energetycznych i 3) znana w tantrze pod nazwą „błogości niezmiennej". W praktyce tantrycznej ostatnich dwóch rodzajów błogości, tj. błogości pochodzącej od ruchu energii w kanałach i błogości niezmiennej, używa się do rozpoznania pustki. Z powodu znaczenia, jakie dla rozpoznania pustki ma wykorzystanie błogości, wiele bóstw medytacyjnych jest przedstawianych w seksualnym zespoleniu. Jak już wspomniałem, owa błogość bardzo różni się od rozkoszy doświadczanej w trakcie zwykłego stosunku płciowego.

Śmierć, stan pośredni i ponowne narodziny

Jako że praktyka tantry najwyższej jogi jest przeznaczona przede wszystkim dla tych, których fizyczne ciała składają się z sześciu składników, to nawet sposób postępowania na ścieżce jest kształtowany z wykorzystaniem zwykłych procesów śmierci, stanu pośredniego i ponownych narodzin, z którymi wykazuje wiele podobieństw. Z powodu specyficznej struktury fizycznego ciała istoty ludzkie zamieszkujące tę planetę w sposób naturalny doświadczają kolejnych stadiów śmierci, stanu pośredniego i ponownych narodzin. Podczas umierania wszystkie „grube" czy też zwykłe poziomy umysłu i energii ulegają ostatecznie rozkładowi na poziomy subtelne. W owej chwili doświadcza się czystego światła śmierci. Następnie, opuszczając stan czystego światła, przybiera się postać ciała subtelnego znaną pod nazwą stanu pośredniego. Kiedy zaś istota znajdująca się w stanie pośrednim przybiera formę ciała na poziomie fizycznym oraz staje się widoczna dla innych, następuje odrodzenie.

Ponieważ przechodzenie przez owe stany dokonuje się w sposób naturalny, Nagardżuna i Arjadewa w swoich zwięzłych naukach oraz komentarzach do tantry objaśniają techniki, które pozwalają osobie praktykującej wykorzystać owe naturalne etapy śmierci, stanu pośredniego i ponownych narodzin do wyższych celów. Zamiast bezwiednie doświadczać owych stanów, można je kontrolować i wykorzystać do osiągnięcia trzech ciał związanych z naturą buddy: ciała prawdy, ciała całkowitej radości oraz ciała emanacji – które wykazują podobieństwo odpowiednio do: śmierci, stanu pośredniego oraz ponownych narodzin. Dlatego w tantrze najwyższej jogi śmierć, stan pośredni oraz ponowne narodziny zwie się *trzema kajami podstawy*.

Tantra najwyższej jogi naucza, że każda praktyka etapu tworzenia powinna obejmować medytację trzech ciał końcowego stanu oświecenia, stanu buddy. Jednakże w tekstach szkoły Ningmy, czyli szkoły starego przekładu, używa się odmiennej terminologii. Medytację trzech kai nazywa się tam *trzema stabilizacjami medytacji*. Są to: stabilizacja medytacji na takości, stabilizacja medytacji na przejawianiu się i stabilizacja medytacji na przyczynie.

Często praktyki etapu tworzenia wspólne tantrze jogi i tantrze najwyższej jogi objaśnia się w kategoriach trzech stabilizacji medytacji jako: „etap wstępny", „najwyższy król mandali" i „najwyższy król działań". Są to jednak stabilizacje odmienne od tych opisanych w szkole starego przekładu.

Krótko mówiąc, medytacja trzech kai to praktyka, w trakcie której wykorzystuje się trzy procesy – śmierci, stanu pośredniego i ponownych narodzin. Na przykład wyobrażając sobie podczas medytacji proces umierania, włączamy w ścieżkę śmierć jako dharmakaję, czyli ciało prawdy. W wyobraźni rozpuszczamy i usuwamy wszelkie umysłowe procesy i odpowiadające im energie. Proces umierania zapoczątkowany zostaje rozpuszczeniem się składników ciała. Przebiega on w ośmiu etapach. Na początku rozpuszcza się element ziemi, następnie elementy wody, ognia i wiatru. Po rozpuszczeniu się tych czterech elementów przechodzi się przez następne cztery etapy: pojawia się biały blask, wzmaga się czerwony blask, zbliża się czerń oraz pojawia się czyste światło śmierci. Na etapie tworzenia doświadcza się owych procesów rozpuszczania tylko w wyobraźni. Jednakże na etapie spełnienia, kiedy to osoba praktykująca robi postępy w osiąganiu kolejnych urzeczywistnień, stopniowo uzyskuje ona coraz głębsze i realniejsze doświadczenia owych procesów. Ostatecznie praktykujący jest w stanie doświadczyć w medytacji rzeczywistych procesów rozpuszczenia – a zwłaszcza najsubtelniejszego czystego światła – dokładnie tak samo jak w czasie rzeczywistego umierania.

Niektórzy współcześni uczeni prowadzą badania nad doświadczeniami i zjawiskami pojawiającymi się w trakcie umierania. Jednak wyniki tych badań będą pewne tylko wówczas, gdy przeprowadzi się je na osobach doświadczających procesu śmierci powoli i stopniowo, ponieważ u takich ludzi oznaki rozpuszczania się składników ciała itd. są znacznie bardziej widoczne. Proces ten powoli i stopniowo przebiega na przykład u osoby, która choruje przez dłuższy czas.

Praktykujący tantrę, który osiągnął wysoki stopień urzeczywistnienia, potrafi rozpoznać kolejne etapy procesu umierania i użyć ich do pozytywnych celów, zachowując przy tym ich świadomość i nie uginając się pod ich ciężarem. Zdolność ta jest rezultatem praktyki medytacyjnej za życia. Zwykli ludzie w stanie czystego światła śmierci pozostają najczęściej maksymalnie około trzech dni, ale niektórzy medytujący mogą pozostawać w nim przez tydzień, a w wyjątkowych wypadkach – przez kilka tygodni. Zewnętrzną oznaką pozostawania w tym stanie jest brak oznak rozkładu ciała, choć klinicznie stwierdzono zgon.

Zaprzyjaźniony ze mną lekarz chciał kiedyś przeprowadzić badania doświadczających śmierci osób, które za życia praktykowały. Zostawił mi nawet w tym celu specjalny przyrząd. Trudno mi jednak nie zdystansować się do tego eksperymentu – aby się powiódł, muszę czekać na śmierć osoby medytującej!

Praktykując na etapie tworzenia, w chwili, w której doświadcza się czystego światła na poziomie wyobrażeniowym, należy przystąpić do medytacji pustki. Jest to praktyka ciała prawdy – czynnik, który oczyszcza zwykłą śmierć.

Tak jak zwykła osoba po doświadczeniu czystego światła śmierci wchodzi w stan pośredni i przyjmuje formę ciała subtelnego, tak osoba praktykująca na etapie tworzenia po wyjściu z medytacji pustki przybiera formę ciała subtelnego na poziomie wyobrażeniowym. Jest to medytacja ciała całkowitej radości – czynnik, który oczyszcza zwykły stan pośredni.

Z kolei, tak jak zwykła osoba opuszcza stan pośredni i przybiera ciało fizyczne, odradzając się ponowne, tak samo osoba praktykująca na etapie tworzenia porzuca ciało radości i przybiera formę ciała emanacji. Medytacja ciała emanacji oczyszcza zwykłe ponowne narodziny.

Istnieje wiele różnych podręczników, w których wyjaśniono proces przebóstwiania się na etapie tworzenia. W niektórych praktykach najpierw powstaje „dzierżyciel wadżry przyczyny", który następnie przekształca się w „dzierżyciela wadżry skutku"[30]. W innych przypadkach przebóstwienie odbywa się w trakcie procesu znanego jako *pięć oczyszczeń* (*abhisaṁbodhi*)[31]. Istnieją zatem różne metody przebóstwiania się. W różnych praktykach i sadhanach etapu tworzenia pojawiają się różne wizualizacje bóstwa. Wszystkie są ważne, ale najważniejszą jest medytacja na to, co rozległe i głębokie, podczas której doskonalimy czystość wizualizacji połączonej z dumą bóstwa. Osoba praktykująca powinna, jak już wcześniej powiedzieliśmy, doskonalić czysty obraz bóstwa, a następnie na tej podstawie doskonalić dumę bóstwa, czyli utożsamienie się z nim.

Osoby, które poważnie podchodzą do praktyki, przystępując do tych medytacji, zawsze powinny zważać na to, aby ospałość umysłu lub jego nadmierne pobudzenie nie wpływały na jakość medytacji. Powinno się medytować w sposób nieprzerwany i zaplanowany. Zakłócenia wywołane pojawianiem się myśli stanowią największe przeszkody na drodze do osiągnięcia i utrzymania jednoupunktowienia. Obejmują one wiele różnych stanów, takich jak rozproszenie oraz różne formy pobudzenia. Największą przeszkodę stanowi pobudzenie umysłu. Powstaje ono, gdy umysł jest zwrócony ku zajmującemu go przedmiotowi bądź gdy nadmiernie wzrasta intensywność medytacji. Jako antidotum zaleca się stosowanie technik, które relaksują umysł (na przykład odwracanie uwagi od przedmiotów zewnętrznych), aby obniżyć poziom jego napięcia. Pomocne jest rozważanie

---

[30] Przykładem sadhany, która stosuje podział dzierżycieli wadżry na dzierżycieli wadżry przyczyny i skutku jest sadhana pustelnika Jamantaki Wadżrabhairawy. „Dzierżyciel wadżry" to techniczny termin, który odnosi się do doskonałej cielesnej formy, jaka powstaje podczas medytacji tantrycznej sadhany. W innych tantrach pojawia się termin „wadżradhara".

[31] Ma to związek z pięcioma zasadniczymi etapami przeobrażania się w bóstwo medytacyjne, którymi są: 1) oczyszczanie takością, 2) oczyszczanie księżycem, 3) oczyszczanie [sylabą] nasienną, 4) oczyszczanie symbolem i 5) oczyszczanie poprzez całkowite przejawienie się w chwalebnym ciele.

całkowicie niezadowalającej natury sansarycznej egzystencji. Pozwala ono obniżyć poziom ekscytacji.

Aby rozwinąć stałe i stabilne jednoupunktowienie umysłu, postrzeganie przedmiotu musi być czyste. Bez tego, nawet jeśli zdołacie odwrócić umysł od zewnętrznych przedmiotów, nie osiągniecie jednoupunktowienia. Istnieją dwa rodzaje czystości: czystość przedmiotu postrzegania oraz czystość postrzegającej świadomości, to jest samego doświadczenia. Czystość umysłu zakłóca ospałość. Kiedy umysł staje się ospały, trzeba zastosować techniki, które wzmogą jego przytomność. Tak więc angażując się w medytację nakierowaną na jednoupunktowienie, powinniście badać stan umysłu, swój nastrój, usposobienie itd., aby ocenić, czy nie jesteście zanadto napięci i pobudzeni lub też – przeciwnie – nazbyt odprężeni i rozluźnieni. Sami możecie ocenić, w jakim stopniu powinniście używać technik, które służą doskonaleniu stabilnego jednoupunktowienia.

Praktykując tantrę najwyższej jogi, z powodu wyjątkowości przedmiotu medytacji – którym jesteście wy sami w formie bóstwa – oraz z powodu nakierowania uwagi na szczególne obszary – tj. na pewne miejsca w ciele – możecie wywołać w ciele ruch witalnych energii. Kilka znanych mi osób opowiadało mi o swoich mistycznych doświadczeniach. Najpierw nauczyłem je medytacji, a później skorzystałem z okazji, aby wysłuchać relacji z ich doświadczeń. To niezły interes, nieprawdaż?

Utrzymywanie przez dłuższy czas jednoupunktowionego na czystym obrazie bóstwa umysłu zapobiega powstawaniu zwykłych poglądów i pojęć i prowadzi do odczucia dumy bóstwa. Ważne jest, aby na wszystkich etapach medytacji utrzymywać świadomość pustki poprzez stałe potwierdzanie pierwotnego poznania, w którym została ona rozpoznana. Zaangażowanie się w tego rodzaju praktykę zapewni wam nieprzerwany rozwój aż do chwili, gdy będziecie w stanie wytworzyć czyste i żywe wyobrażenie całej mandali oraz znajdujących się w niej bóstw, tak jakbyście widzieli je bezpośrednio, na własne oczy. Wówczas osiągniecie pierwszy poziom etapu tworzenia[32].

Kiedy pogłębiając medytację, osiągacie etap, na którym w jednym momencie świadomości potraficie utrzymać czyste wyobrażenie nawet subtelnych bóstw wytworzonych z waszego ciała, oznacza to, że weszliście na drugi poziom etapu tworzenia. Następnie, kiedy ustabilizujecie swoją medytację jednoupunktowienia, będziecie mogli podjąć pewne praktyki, aby pogłębić panowanie nad tą zdolnością – na przykład emanowanie bóstw z waszego serca i ponowne ich rozpuszczanie itd. Medytacje takie obejmują wizualizowanie subtelnych symboli, czyli mudr, przemieszczających się w kierunku szczytowego otworu kanału centralnego oraz subtelnych kropli i sylab nasiennych przemieszczających się w kierunku podstawy kanału centralnego. Kiedy osiągacie moment, w którym zaczynacie odczuwać zmęczenie medytacją, należy przejść według sadhany do recytacji mantry. W tantrze najwyższej jogi istnieje wiele rodzajów recytacji mantr: recytacja zaangażowana, recytacja zwana ognistym stosem, recytacja jak palankin, gniewna recytacja itd.

Po recytacji mantry przychodzi czas na praktyki dodatkowe. Ponieważ osoba praktykująca tantrę w ogóle nie powinna w codziennym życiu odrywać się od praktyki łączącej metodę z mądrością, dlatego także czas po medytacji jest ważny. Tantra mówi o różnych praktykach jogicznych wykonywanych po medytacji, takich jak joga snu, dbanie o właściwą dietę, kąpiele itd. Istnieją pewne praktyki przeznaczone dla osób poważnie zaangażowanych w praktykę tantry, które można stosować nawet podczas oddawania moczu, wypróżniania się itd. Wielcy mistrzowie mawiają, że postęp, jaki dokonuje się podczas sesji medytacyjnej, należy dopełnić i wzmocnić praktykami typowymi dla okresu po medytacji i na odwrót.

---

[32] Kolejne poziomy etapu tworzenia tantry najwyższej jogi systematycznie objaśnia Ngalang Palden. Jego wykład znajduje się w: Daniel Cozort (tłum.), *Highest Yoga Tantra*, Snow Lion, Ithaca 1986, s. 48–52.

Po zakończeniu sesji możemy definitywnie rozstrzygnąć, czy praktyka została uwieńczona powodzeniem. Jeśli zauważamy, że pomimo lat wytężonej praktyki nasz sposób myślenia, sposób życia, nawykowe czynności oraz zachowanie w czasie, kiedy nie medytujemy, nie ulegają zmianie, to nie jest to dobry znak. Kiedy bierzemy jakieś lekarstwo, nie ma dla nas znaczenia jego smak, kolor czy ilość. Tym, co się liczy, jest korzystny skutek, jaki wywiera ono na nasze ciało. Jego zażywanie traci jednak sens, gdy pomimo brania go przez dłuższy czas nie widzimy żadnego skutku. Bez względu na to, czy praktyka, jakiej się oddajecie, jest rozbudowana czy też krótka, przede wszystkim powinna skutecznie prowadzić do waszego przekształcenia, do zmiany na lepsze.

Etap spełnienia

Na bazie jogi bóstwa stanowiącej praktykę etapu tworzenia można podejmować różne działania, które zapowiadają przejście do etapu spełnienia. Wykonując owe zaawansowane praktyki etapu tworzenia, osoba medytująca zaczyna odczuwać, jak w jej ciele zachodzą korzystne zmiany. Doświadczenie owych fizycznych skutków, takich jak na przykład odczucie wielkiej błogości wywołane rozpuszczeniem się witalnych elementów itd., oznacza, że osiągnęło się pierwszy poziom etapu spełnienia.

Wiąże się z nim wiele różnych praktyk, na przykład joga wewnętrznego ognia, joga wiatru, joga czterech radości itd. Joga wiatru obejmuje takie techniki, jak utrzymywanie oddechu wazy oraz technikę znaną jako recytacja wadżry. Przeszedłszy z etapu tworzenia na wstępne poziomy etapu spełnienia, osoba świecka poszukuje dalszych impulsów do podążania ścieżką w praktykach podejmowanych w związku seksualnym ze swym małżonkiem. Jednak osoby, które złożyły śluby zakonne – mnisi i mniszki – nie mogą sobie pozwolić na taki związek.

Aby podjąć głębokie praktyki etapu spełnienia, praktykujący musi najpierw dokładnie zapoznać się z naturą subtelnego ciała. Musi on zdobyć wiedzę na temat umiejscowienia kanałów, wiatrów, czyli pran, które krążą w kanałach, oraz subtelnych kropel spoczywających w pewnych miejscach ciała. W tantrach mówi się zwykle o *trzech kanałach* – kanale centralnym, prawym i lewym – oraz o *pięciu czakrach*[33], czyli energetycznych centrach związanych z kanałami. Trzy główne kanały rozgałęziają się i łączą, obejmując obszar całego ciała. Dlatego też w pismach tantrycznych wspomina się o 72 000, a w niektórych sutrach, na przykład w *Nandy wprowadzeniu do [teorii] macicy* (*Āyuṣmannandagarbhāvakrāntinirdeśa*)[34] – nawet o 80 000 kanałów w ludzkim ciele.

Co się tyczy krążących energii, jest ich, ogólnie mówiąc, dziesięć podstawowych rodzajów: *pięć większych i pięć pomniejszych wiatrów energii*[35]. Krople zaś to element biały i czerwony. *Kalaczakratantra* wymienia *cztery rodzaje kropli*: 1) kropla umiejscowiona na czole między brwiami, manifestująca się w czasie czuwania, 2) kropla umiejscowiona na wysokości gardła, manifestująca się w czasie marzeń sennych, 3) kropla umiejscowiona w sercu, manifestująca się podczas głębokiego snu, oraz 4) kropla umiejscowiona na wysokości pępka, manifestująca się w czwartej fazie (tj. podczas orgazmu). *Kalaczakratantra* objaśnia je w sposób bardzo szczegółowy. W istocie całą strukturę ciała osoby praktykującej, tj. kanały, energie i krople, zwie się wewnętrzną kalaczakrą. Według tej tantry wewnętrzna kalaczakra stanowi podstawę oczyszczenia. *Kalaczakratantra* mówi

---

[33] Są to punkty umiejscowione na szczycie głowy, w gardle, w sercu, na wysokości pępka i w okolicach intymnych. Szczegółowy opis trzech głównych kanałów oraz centrów można znaleźć w: Geshe Kelsang Gyatso, *Clear Light of Bliss*, Tenzin Norbu (tłum.), Jonathan Landaw (red.), Tharpa, London 1992, s. 17–24.

[34] P 760.13, t. 23, s.97.

[35] Pięć większych czy też głównych wiatrów to: 1) podtrzymujący życie, 2) schodzący w dół, 3) wznoszący się, 4) trwający w równowadze i 5) przenikający. Pięć pomniejszych wiatrów to: 1) poruszający się, 2) żwawo się poruszający, 3) doskonale się poruszający, 4) mocno się poruszający i 5) wyraźnie się poruszający. Informacje na temat przypisywanych im kolorów, ich umiejscowienia oraz funkcji można znaleźć w: Geshe Kelsang Gyatso, *Clear Light of Bliss*, s. 24–32.

o trzech rodzajach kalaczakry, czyli koła czasu: zewnętrznej, wewnętrznej i alternatywnej.

Na podstawie głębokiego wglądu w naturę własnego subtelnego ciała osoba medytująca lokalizuje punkty krytyczne ciała i penetruje je podczas medytacji. W rezultacie jest w stanie rozpuścić i usunąć strumienie zjawisk i procesy występujące na zwykłych poziomach umysłu oraz odpowiadające im wiatry energii. Ostatecznie osoba medytująca potrafi przetworzyć najsubtelniejszy poziom czystego światła – tj. czyste światło śmierci – w istotę ścieżki, czyli mądrość rozpoznającą pustkę. Osiągnięcie takiego poznania jest jak odnalezienie klucza, którym można otworzyć każdą skrzynię ze skarbami. Mając ten klucz, możemy – poprzez urzeczywistnienie iluzorycznego ciała w wyniku zastosowania metod objaśnionych w *Guhjasamadżatantrze* – osiągnąć całkowite urzeczywistnienie stanu buddy na ścieżce Guhjasamadży albo – poprzez dojście do pustej formy – uzyskać oświecenie na ścieżce objaśnionej w *Kalaczakratantrze*[36] bądź też uzyskać oświecenie dzięki praktykom tęczowego ciała objaśnionym w *Czakrasamwaratantrze* czy w naukach dzogczien.

Gdy praktykujący zdobędzie panowanie nad umysłem, tak że potrafi użyć go do praktyk podejmowanych w stanie czuwania, może wtedy także posłużyć się nim do praktyk podejmowanych w stanie snu z marzeniami. Medytacje te znane są jako *dziewięć mieszanek*: trzy mieszanki przeznaczone do stosowania w stanie czuwania, trzy – w stanie snu z marzeniami oraz trzy – w czasie umierania[37].

---

[36] Mowa tu o specyficznej dla *Kalaczakratantry* technice medytacji, której stosowanie prowadzi do dematerializacji fizycznego ciała. Termin „pusta forma" wskazuje na oczyszczanie ciała do takiego stopnia, że jego natura transcenduje cielesność. Tę szczególną praktykę w sposób zwięzły, ale informatywny omawia Ngałang Palden (Ngag dbang dpal ldan) w: *Przedstawienie podstaw i ścieżek czterech klas wielkiej tajemnej tantry* (*gSang chen rgyud sde bzhi'i sa lam gyi rnam gzhag*), Pisma zebrane, t. *kha* (2). Zob. Daniel Cozort, *Highest Yoga Tantra*, s. 121–131.

[37] Szczegółowe omówienie dziewięciu mieszanek można znaleźć w: Geshe Kelsang Gyatso, *Clear Light of Bliss*, s. 100–121.

Mówi się, że tantrę najwyższej jogi najlepiej praktykuje ten, kto potrafi osiągnąć pełne oświecenie w czasie jednego żywota. Ten, kto praktykuje na średnim poziomie, osiąga pełne oświecenie w stanie pośrednim; ten zaś, kto praktykuje na niższym poziomie, osiąga pełne oświecenie w przyszłym życiu. Praktykujących należących do dwóch ostatnich kategorii naucza się praktyki przenoszenia świadomości[38]. Istnieje także inna, podobna praktyka, znana pod nazwą „wchodzenie do miasta", a będąca formą wskrzeszania, podczas której świadomość danej jednostki opuszcza stare ciało i wchodzi do ciała czującej istoty, która właśnie zmarła. Wszystkie te techniki należą do zbioru medytacyjnych praktyk znanych jako *sześć jog Naropy*[39]. Indyjski mistrz Naropa zaczerpnął owe nauki z wielu różnych tantr. Obecnie stanowią one rdzeń medytacyjnej tradycji linii Kagiu. Tradycja Gelug także kładzie nacisk na praktykę sześciu jog Naropy[40]. Medytacje te można również znaleźć w praktyce ścieżki i urzeczywistnienia (*lamdre*) szkoły Sakji. Istotne elementy owej praktyki możemy także odnaleźć w praktyce z tradycji Ningmy znanej pod nazwą „kropla serca".

Tantra najwyższej jogi według szkoły starego przekładu

Sposób, w jaki dotychczas omawialiśmy tantrę najwyższej jogi, jest zgodny z tradycją szkół nowego przekładu*. Szkoła starego przekładu, czyli Ningma, odwołuje się do praktyk pojazdu wielkiej doskona-

---

[38] Krótki opis tej praktyki można znaleźć w: Garma C.C. Chang, *Teachings of Tibetan Yoga*, University Books, New York 1963 (wznow. jako *The Six Yogas of Naropa*, Snow Lion, Ithaca 1986), s. 111–115.

[39] Sześć jog to: 1) joga wewnętrznego żaru, 2) joga iluzorycznego ciała, 3) joga snu, 4) joga czystego światła, 5) joga stanu pośredniego, 6) joga przeniesienia świadomości. W innym wyliczeniu wymienia się wskrzeszenie zamiast jogi stanu pośredniego.

[40] Congkhapa, twórca tradycji Gelug, pozostawił obszerny komentarz do sześciu jog zatytułowany *Komentarz do głębokiej ścieżki sześciu jog Naropy bazujący na trzech przeświadczeniach* (*Zab lam naro chos drug gi krid yid ched gsum ldan*), Pisma zebrane, t. *ta* (9).

łości – mahatijogi. Nauki omawiające praktyki medytacyjne pojazdu wielkiej doskonałości dzielą się na trzy klasy: 1) umysłu, 2) tajemnych pouczeń i 3) przestrzeni. Chociaż naukom tym poświęcono wiele tekstów, wciąż jeszcze nie dostrzega się wielu subtelności praktyk związanych z owymi trzema klasami. Uważa się, że najgłębszą spośród nich jest zbiór tajemnych pouczeń. Twierdzi się też, że praktyka związana z dwoma pozostałymi klasami nauk – umysłu i przestrzeni – kładzie podwaliny pod praktykę przedarcia się, o której wspomniałem wcześniej.

Pojęcie pustki, które objaśnia się w naukach należących do klas umysłu i przestrzeni, ma pewne swoiste cechy odróżniające je od pojęcia pustki występującego w naukach pozostałych ośmiu pojazdów, o których mówi Ningma w swojej klasyfikacji dziewięciu jan. Kwestię tę jednak niezwykle trudno wyjaśnić. Nauki zawarte w zbiorze tajemnych pouczeń wspominają o dwóch celach: o urzeczywistnieniu *pierwotnie czystej dharmakai wewnętrznego blasku* i o urzeczywistnieniu *spontanicznej sambhogakai zewnętrznego blasku.* Niektórzy mistrzowie nauczają, że owe dwa ciała oświeconej istoty urzeczywistnia się poprzez praktyki przedarcia się i przeskoku. Pogłębiając zrozumienie owych elementów szkoły wielkiej doskonałości, doskonalimy zrozumienie wielkiej doskonałości podstawy, wielkiej doskonałości ścieżki i wielkiej doskonałości stanu końcowego.

Jak już wcześniej wyjaśniałem, elementy te można zrozumieć tylko na drodze doświadczenia, nie można ich opisać słowami. Z głębią tego stanowiska oraz z trudnościami, jakie rodzi jego zrozumienie, możemy się wstępnie zapoznać, czytając tekst Longcziena Rabdziampy poświęcony praktykom wielkiej doskonałości – *Skarbnica najwyższego pojazdu* (*Theg mchog mdzod*). Tekst podstawowy jest jednak niezwykle trudny, także komentarz do niego jest dość obszerny, a jego zrozumienie nie mniej problematyczne. Innym tekstem Longczienpy, który także daje zarys praktyk wielkiej doskonałości, jest *Skarbnica przestrzeni rzeczywistości* (*Chos dbyings mdzod*).

Tekst ten jest czymś w rodzaju klucza do dzogczien. Tylko zrozumiawszy te dwa teksty, możemy żywić nadzieję, że właściwie zrozumiemy nauki wielkiej doskonałości. Równie ważne jest studiowanie tekstu Kunkcziena Dzigme Lingpy *Skarbnica cech oświecenia* (*Yon tan mdzod*), na którego końcu znajduje się objaśnienie praktyki dzogczien.

Można także zajrzeć do innych tekstów autorstwa mistrzów, którzy sami doświadczyli wielkiej doskonałości – wysoko urzeczywistnionych mistrzów, którzy nie tylko potrafili uchwycić sedno złożonych praktyk wielkiej doskonałości, ale także potrafili zwięźle i trafnie je objaśnić. Jednakże zrozumienie praktyk dzogczien na podstawie tych krótkich tekstów jest niezwykle trudne. Na przykład najkrótsza sutra mądrości – jak się twierdzi – składa się z jednej sylaby ĀḤ. Ta jedna sylaba oddaje całe znaczenie, jakie kryje się w wyrażeniu „pustka wszystkich zjawisk". Jednakże samo powtarzanie tej sylaby i rozmyślanie o niej nie wystarcza. Chociaż Budda być może potrafił wyrazić całą istotę doktryny pustki w pojedynczej sylabie, to nie mamy żadnej gwarancji, że poprzez samo pokładanie w niej zaufania dobrze zrozumiemy tę doktrynę.

Jak już powiedziałem wcześniej, zgłębiając madhjamakę, musimy studiować ją w całej jej złożoności. Musimy badać różne argumenty i sposoby rozumowania, na których podstawie zwolennicy szkoły madhjamaki dochodzą do wniosku, że żadne zjawisko nie ma wewnętrznego bytu. Ponadto, aby w pełni zrozumieć to filozoficzne stanowisko oraz wszystkie jego konsekwencje, musimy również zrozumieć poglądy niższych szkół.

Końcowy wniosek jest w pewnym sensie bardzo prosty – ponieważ zjawiska zależą od przyczyn i warunków, jak również od innych czynników, to nie mają niezależnego statusu. Stąd też wszystkie zjawiska są pozbawione wewnętrznego bytu. Chociaż wniosek ten wydaje się prosty, to jeśli próbujemy pojąć podstawowy pogląd prasangiki na pustkę wprost, niejako od początku – „ponieważ rzeczy zależą od siebie i powstają we wzajemnej zależności, to są puste" – prawdopodobnie nie zrozumiemy wszystkich jego konsekwencji oraz znaczenia. Podobnie też, jeśli czytając krótki tekst na temat wielkiej doskonałości, będący nawet dziełem doświadczonego lamy, sądzimy, że pogląd i praktyka dzogczien są bardzo proste, to jest to znak, że nie rozumiemy ich właściwie. Zakrawałoby na ironię, gdyby najdoskonalsza z dziewięciu jan, pojazd wielkiej doskonałości, była najprostsza.

7

Pytania i odpowiedzi

Pytanie: Wasza Świątobliwość, o ile rozumiem, zaawansowanych praktyk tantrycznych nauczano w przeszłości pod kontrolą i zwykle w ramach związku guru–uczeń. Obecnie praktyki takie są całkowicie dostępne, przekazuje się je nawet początkującym. Dlaczego doszło do tej zmiany oraz czy to nowe podejście niesie z sobą jakieś niebezpieczeństwa?

J.Ś. Dalajlama: Niewątpliwie podejście to niesie pewne niebezpieczeństwa, ale też kryje się za nim określony cel. Tantryczna literatura jest już bardzo bogata, a znaczna jej część, niestety, błędnie objaśnia tantryczne praktyki. Sytuacja ta jest bardzo szkodliwa, ponieważ prowadzi do wielu nieporozumień na temat tantry. Udzielanie nauk, które poprawnie wyjaśniają tantrę, pomoże uporządkować ten bałagan.

Chociaż nie twierdzę, że jestem wysoko urzeczywistniony czy też że posiadam ogromną wiedzę na temat tantry, to dostrzegam zamieszanie w tej materii. Jego przyczyną jest rozpowszechnianie tantrycznych nauk przez nauczycieli nie mających wystarczającej wiedzy oraz przez uczniów, którzy sami nie są należycie przygotowani. Tylko objaśnienie tantrycznej praktyki przez wykwalifikowanych mistrzów może rzeczywiście pomóc w usuwaniu owych nieporozumień.

P: Wasza Świątobliwość, w komentarzu do pism Longczienpy Jego Świątobliwość Duddziom Rinpocze napisał, że naturę pustki można bezpośrednio postrzec. Czy Wasza Świątobliwość może wyjaśnić, jak zwykła osoba jest w stanie nauczyć się bezpośrednio postrzegać pustkę? Ponadto, skoro pustki można doświadczać bezpośrednio, to dlaczego tak trudno ją zrozumieć?

J.Ś.: Sądzę, że ważne jest, abyśmy najpierw zrozumieli, co znaczy „pustka" oraz „ostateczna prawda". W buddyjskich pismach wielokrotnie wspomina się o ostatecznej prawdzie. Na przykład Maitreja w swoim tekście *Odróżnienie środkowej drogi od skrajności* (*Madhyāntavibhāga*) mówi o trzech różnych zastosowaniach terminu „ostateczny": ostateczne znaczenie, ostateczne osiągnięcie i ostateczna ścieżka[41]. Podobnie też w *Uttaratantrze* Maitreja mówi o ostatecznych i względnych przedmiotach schronienia[42]. Poza tym, w traktacie zatytułowanym *Analiza dwóch prawd* (*Satyadvayavibhāga*), indyjski mistrz Dżńanagarbha mówi o dwóch rodzajach ostatecznego znaczenia: rzeczywiście ostatecznym i zgodnym z ostatecznym, czyli podobnym do ostatecznego. Oba wyjaśnia się dalej na dwóch różnych poziomach. Ponadto według tantr, na przykład *Guhjasamadżatantry*, czyste światło jest prawdą ostateczną, a iluzoryczne ciało – prawdą konwencjonalną.

Podobnie też termin „pustka" ma różne znaczenia. Widzieliśmy już, że różne buddyjskie szkoły filozoficzne proponują różne interpretacje pustki. Ponadto w *Kalaczakratantrze* mówi się o szczególnym rodzaju pustki: pustce wszelkich form materialności. Pustka ta z kolei pojmowana jest na dwóch różnych poziomach – jako pustka zobiektywizowana i niezobiektywizowana. Natomiast *Guhjasamadżatantra* przy użyciu tantrycznej terminologii opisuje cztery rodzaje pustki, które odnoszą się do czterech rodzajów doświadczeń, jakie

[41] Rozdz. 3, strofa 11.
[42] Rozdz. 1, strofy 20–21.

pojawiają się w czasie umierania w trakcie procesu rozpuszczania: 1) doświadczenie *pustki* pojawia się, gdy rozpuszczają się „grube" poziomy umysłu, tj. osiemdziesiąt iluzji, 2) doświadczenie *ogromnej pustki* pojawia się, gdy rozpuszczają się wszystkie subtelne zjawiska, 3) doświadczenie *samej pustki* pojawia się w trakcie rozpuszczania czerwonego wznoszącego się wiatru, 4) doświadczenie *całkowitej pustki* odnosi się do doświadczenia rzeczywistego czystego światła, przy czym czyste światło dzielone jest na obiektywne czyste światło, czyli pustkę, i subiektywne czyste światło. Być może moja odpowiedź wprowadziła dodatkowe zamieszanie, sądzę jednak, że ważne jest, aby być świadomym wszystkich tych subtelności.

Podobnie termin „niekonceptualność" przybiera wiele różnych znaczeń, w zależności od różnych kontekstów, w których się go używa. Istnieją niekonceptualne stany umysłu wspólne zarówno praktykom buddyjskim, jak i niebuddyjskim. W systemie sutr mamy niekonceptualne stany spokoju i niekonceptualne stany bezpośredniego zrozumienia pustki. Istnieją także niekonceptualne stany etapów tworzenia i spełnienia. Nawet na etapie spełnienia mamy niekonceptualne stany zwykłych i wyższych istot. Widzimy więc, że nawet w odniesieniu do tego jednego terminu mamy różne poziomy i stąd różne konotacje zależnie od kontekstu i poziomu debaty.

Mistrz Ningmapy, Dodrub Dzigme Tenpej Nima, wspomniał także o tym, że chociaż posługujemy się w dzogczien terminem „wielkie zdumienie", to istnieje wiele różnych rodzajów wielkiego zdumienia, począwszy od szoku, jakiego doznaje żebrak zaatakowany przez sforę psów, aż po wielkie zdumienie ostatecznego urzeczywistnienia etapu spełnienia. Istnieje tak wiele różnych rodzajów zdumienia[43].

Widzimy teraz, że zrozumienie jakiegoś słowa, np. słowa „pustka", nie jest łatwe. Musimy poznać różne znaczenia danego słowa,

---

[43] Dodrub Dzigme Tenpej Nima, *Dzieła różne na temat wielkiej doskonałości,* Pisma zebrane, t. *ca* (5), s. 203.

występującego w różnych kontekstach, oraz sposoby jego użycia. W końcu możemy też zrozumieć szczególne znaczenie poglądu dzogczien. Ogólnie mówiąc, w praktyce tantry najwyższej jogi, a zwłaszcza w technikach dzogczien, większy nacisk kładzie się na subiektywne doświadczenie pustki niż na pustkę obiektywną.

W dzogczien cała praktyka zasadza się na *trzech władzach*: istoty (bądź czystości), natury (bądź spontaniczności) i współczucia. Tak więc istota będąca czystością jest obiektywną pustką, o której nauczał Budda w drugim obrocie kołem Dharmy. Bez zrozumienia pustki zgodnie z naukami sutr mądrości nie jest możliwy żaden rozwój w charakterystycznych dla dzogczien praktykach przedarcia się i przeskoku.

Jeśli właściwie rozumiemy praktyki szkoły wielkiej doskonałości, możemy stosować te techniki medytacji, które nie zależą od rozpuszczenia „grubych" poziomów umysłu i podczas których stosowania możemy kontemplować i rozważać naturę czystego światła własnego umysłu. Chociaż możemy świadomie doświadczać iluzji, to – ponieważ doświadczenie to również stanowi część świadomości – jego naturą także jest świetlistość i poznawanie. Tak jak oliwa przenika ziarno sezamu, tak świetlista i poznająca podstawowa natura przenika wszystkie czynniki umysłu, zarówno negatywne, jak i pozytywne. Jeśli właściwie zrozumiemy techniki stosowane w dzogczien, będziemy potrafili zachować świadomość podstawowej natury umysłu nawet wówczas, gdy będziemy doświadczać „grubych" poziomów iluzji. Technika ta jest typowa dla dzogczien.

Longczien Rabdziampa powiedział w swoich pismach[44], że choć widywał wielu ludzi praktykujących wielką doskonałość, to w wielu wypadkach ich rzeczywista praktyka nie miała z dzogczien nic wspólnego. Jest to zatem głęboka i trudna praktyka. Dlatego nie można jej

---

[44] Jest to prawdopodobnie odwołanie do *Skarbnicy przestrzeni rzeczywistości* Longczienpy.

studiować i nauczać tylko werbalnie. Praktykujący, który posiadł doskonałą podstawę w postaci nagromadzenia zasługi, powinien starać się zrozumieć wielką doskonałość pod kierunkiem doświadczonego mistrza. Największą korzyść z metod wielkiej doskonałości wyciągnie się wówczas, gdy połączy się te elementy.

P: Przyjąłem kilka inicjacji, ale okazuje się, że potrafię praktykować tylko sadhanę Czenrezika. Czy powinienem wstrzymać się od przyjmowania inicjacji Tary?

J.Ś.: Możesz inicjację Tary albo przyjąć, albo pominąć. Pod względem ilości wymaganych praktyk nie stanowi to wielkiej różnicy. Ponieważ otrzymałeś już inicjację Czenrezika i przyjąłeś na siebie podstawowe tantryczne zobowiązania, to przyjęcie inicjacji Tary nie wniesie niczego nowego. Między Czenrezikiem a Tarą nie ma rozdźwięku.

P: Czym jest świetlistość umysłu jako jego natura?

J.Ś.: W tym kontekście może się okazać interesujące przeanalizowanie pewnego ustępu z dzieła szkoły Sakji, gdzie mówi się, że umysł czystego światła istnieje nieprzerwanie pomiędzy różnymi momentami, w których pojawia się myśl konceptualna[45].

Powiedzmy, że spoglądacie na przedmiot, który nie jest szczególnie barwny – cechuje go zgaszony, nierzucający się w oczy kolor. Wpatrujecie się w niego przez chwilę. Przyglądając się temu przedmiotowi, postanawiacie sobie mocno, że skupicie uwagę na własnym postrzeganiu i doświadczeniu i nie dopuścicie, aby jakikolwiek, czy to zewnętrzny, czy też wewnętrzny przedmiot was rozproszył. Dzięki temu będziecie w stanie dokładnie zaobserwować moment, w którym wasz umysł ulega rozproszeniu. Jeśli na przykład w momencie, w którym ulegacie rozproszeniu, usłyszycie jakąś melodię, od razu

[45] Uważa się na ogół, że autorem tego twierdzenia jest Sakja Pandita Kunga Gialcen.

zdacie sobie z tego sprawę i wzmocnicie uważność. Jeśli pojawią się wspomnienia minionych doświadczeń, także od razu dostrzeżecie, że ulegacie rozproszeniu. Generalnie nasz umysł stale, w każdej chwili jest zaprzątnięty różnymi myślami, które zaciemniają jego podstawową naturę. Gdy zastosujecie technikę podtrzymywania uważności i utrzymacie świadomość wyłącznie na przedmiocie znajdującym się przed wami, bezpośrednio postrzegając chwile narastającego rozproszenia i powściągając je, wówczas ostatecznie usuniecie wszelkie konceptualne formy, które zaciemniają naturalny stan waszego umysłu. Stopniowo zaczniecie dostrzegać, że wasz umysł jest stabilny i świetlisty.

Na co dzień umysł jest silnie omroczony pojęciami, myślami i różnymi stanami emocjonalnymi. Aby rozpoznać i zidentyfikować jego naturę, niezbędne jest zdarcie kolejnych konceptualnych warstw i usunięcie owych przeszkód. Tym sposobem dostrzega się prawdziwe oblicze swojego umysłu. Jest to technika, za pomocą której poszukuje się przedmiotu medytacji: samego umysłu, aby, skupiwszy się na nim, doskonalić medytację spokoju.

Jeśli przyłożycie się do tych praktyk, zdobędziecie własne doświadczenia. Wówczas, gdy zdarzy wam się w przyszłości wypowiadać się na temat świadomości, unikniecie powtarzania słów bez pokrycia. Wasze doświadczenie pozwoli wam zrozumieć, czym jest świadomość. Jest ona zjawiskiem, które nie stawia przeszkód, jest niematerialna – cechuje ją świetlistość, co znaczy, że odzwierciedla przedmiot, ukazując się jako aspekt tego przedmiotu.

Wyjaśnię to na przykładzie. Świadomość jest jak kryształ. Gdy kryształ leży na kolorowym podłożu, nie jesteśmy w stanie stwierdzić, czy w rzeczywistości jest przejrzysty, bezbarwny. Gdy go jednak podniesiemy, zobaczymy, że jest przejrzysty.

Świetlistość, czyli naturalna przejrzystość umysłu, jest czymś, czego nie mogę wam w pełni wyjaśnić słowami. Jeśli jednak zaczniecie praktykować, poznacie ją z własnego doświadczenia i w końcu będziecie mogli sami powiedzieć: „Ach! Więc to jest świetlistość umysłu!".

P: Czy mógłby Wasza Świątobliwość powiedzieć nieco więcej o gurujodze praktykowanej w głównych tybetańskich tradycjach? Wydaje się, że jest to ważny temat, o którym Wasza Świątobliwość tym razem tylko wspomniał. Poza tym ciekawi mnie, czy w każdym wypadku – zważywszy na to, że czasu jest tak niewiele – niezbędne jest całościowe studiowanie wszystkich objaśnień udzielonych w tantrach i w dzogczien? Co Wasza Świątobliwość o tym sądzi?

J.Ś.: To niewątpliwie prawda – czasu jest niewiele. Zwykle, kiedy nauczam o *Wielkim opisie tantry* (*sNgags rim chen mo*) Congkhapy, zabiera mi to zwykle co najmniej dwadzieścia dni, nawet bez przerw na tłumaczenie. Tutaj jednak przegląd całego buddyzmu tybetańskiego trwał ledwie nieco ponad dziewięć godzin, z czego większość czasu zajęło tłumaczenie!

Praktyka gurujogi jest bardzo ważna i należy ją rozpoczynać tylko wtedy, gdy z całkowitym przekonaniem dokona się wyboru swojego rdzennego guru. Postrzegacie daną osobę jako rdzennego guru – i na tej podstawie możecie praktykować gurujogę, której przewodnią ideą jest nierozłączność bóstwa i guru.

W *Gurupańczaśice*, tekście, który opisuje właściwy sposób odnoszenia się do guru według tantry najwyższej jogi, stwierdza się, że jeśli nie jesteśmy w stanie podążać za radą udzieloną przez guru, powinniśmy mu o tym od razu powiedzieć. Takie podejście pozostaje w zgodzie z ogólnym sposobem postępowania na buddyjskiej ścieżce. Sam Budda naucza w sutrach, że radą guru należy się kierować wtedy, gdy pozostaje ona w zgodzie z praktyką moralnej dyscypliny. Jeśli jednak wskazania nauczyciela kolidują z moralnością, stanowczo nie należy za nim podążać. Również w tekstach winai twierdzi się, że jeżeli guru udziela pouczeń, które przeczą Dharmie, należy mu powiedzieć, iż są one błędne. Szczere wytykanie nauczycielowi błędów przez uczniów i wskazywanie na jego sprzeczne zachowania, pomoże mu skorygować błędy oraz w przyszłości unikać szkodliwych działań – dlatego właśnie zwracam wam na to uwagę.

Te same zasady stosuję wobec siebie. Zawsze, kiedy zwracam się do słuchaczy, czy to Tybetańczyków, czy też nie, podkreślam, że jeśli dostrzegają w mojej nauce coś, co może przynieść im pożytek i korzyść, powinni to wprowadzić do swojego życia. Jeśli jednak przekazywane nauki nie są dla nich pożyteczne, to po prostu powinni je zignorować.

Odnośnie gurujogi, ważne jest także, aby dostrzegać różnicę między guru rdzennym a udzielającym objaśnień. Ten pierwszy to umysł najsubtelniejszego czystego światła. Dlatego możemy postrzegać własny umysł, guru i bóstwo medytacyjne jako nierozdzielne. Gdy myślimy o nierozdzielności tych trzech, powinniśmy wyobrażać sobie troje ludzi powiązanych z sobą liną.

P: Czy mógłby Wasza Świątobliwość objaśnić znaczenie błogosławieństw oraz to, jak się ich udziela i jak się je otrzymuje?

J.Ś.: W języku tybetańskim określeniem błogosławieństwa jest słowo *dzinlab*. Oznacza ono przemianę pod wpływem majestatu bądź władzy. W skrócie istota błogosławieństwa polega na wywoływaniu – poprzez doświadczenie – przemiany umysłu na lepsze. Pisma buddyjskie mówią także o poświęcaniu czy też błogosławieniu miejsca, na przykład miejsca pod mandalę. Nie jestem jednak pewny, co to słowo znaczy w tym kontekście.

P: Istnieją dwa rodzaje inicjacji, określane po tybetańsku jako *dzienang* i *łang*. Z tych dwóch, szerokiej publiczności udzielać można tylko mającej pewne ograniczenia inicjacji *dzienang*. Wielu obecnych tutaj ludzi nie jest buddystami, ale nawet buddyści nie otrzymają inicjacji *łang*. Czy może Wasza Świątobliwość objaśnić znaczenie dzisiejszej inicjacji?

J.Ś.: Podczas dzisiejszej inicjacji znajdą się wśród was osoby, które nie są jeszcze przygotowane do podjęcia zobowiązań narzucanych przez pełną inicjację, a także osoby, które w ogóle mogą nie chcieć przyjmować inicjacji. Dlatego zwykle sugeruję, aby te osoby nie wykonywały wizualizacji stanowiących integralną część ceremonii inicjacji. *Dzienang*, czyli „zezwolenie", udzielane jest tylko takiej osobie, która wcześniej otrzymała już inicjację. Inicjacja Tary, którą tym razem poprowadzę, zawiera wszystkie cztery inicjacje skupione w błogosławieństwie Tary. Dlatego od uczestnika wymaga się, aby wcześniej otrzymał inicjację jakiegoś bóstwa tantry najwyższej jogi.

P: Czy istnieje sposób na zakończenie religijnej wojny, w której walczące strony roszczą sobie na mocy boskiego nadania prawo do jakiejś krainy?

J.Ś.: Możliwe, że rozwiązanie przyniesie właśnie zaostrzenie konfliktu! Kiedy ludzie są tak bardzo zaprzątnięci sytuacją, że nikt nie wykazuje woli, aby słuchać innych, wtedy wszyscy tracą zdrowy rozsądek. Możliwe, że z takiej sytuacji nie ma żadnego wyjścia, tylko walka, walka, walka – aż do dnia, gdy siły obu stron całkowicie się wyczerpią.

P: Czy – aby nieinicjowane jeszcze osoby mogły w pełni skorzystać z inicjacji Tary – mógłby Wasza Świątobliwość wyjaśnić, jakie praktyki należy wykonywać na co dzień, jakie motywacje są właściwe oraz jakie przyniosą one korzyści?

J.Ś.: Budząc się rano, o ile jesteśmy zainteresowani rozwojem duchowym, powinniśmy badać własny umysł oraz próbować rozwinąć właściwą motywację. Następnie składamy mocne ślubowanie lub podejmujemy postanowienie, że w przyszłości, a zwłaszcza tego samego dnia, podejmiemy praktykę lepszego zachowania się oraz właściwego sposobu myślenia. Postanówmy, że pomożemy innym, a jeśli nie będzie to możliwe, że przynajmniej powstrzymamy się od ich krzywdzenia. Następnie co pewien czas w ciągu dnia przypominajmy sobie o tym postanowieniu.

Późnym wieczorem obejrzyjmy się za siebie, aby sprawdzić, czy faktycznie spędziliśmy dzień tak, jak rankiem ślubowaliśmy. Jeśli dostrzegamy coś pozytywnego, to świetnie – radujmy się! Wzmocnijmy owo postanowienie, wyrażając radość z własnych dobrych uczynków i podejmując decyzję o kontynuowaniu takich działań w przyszłości. Jeśli stwierdzimy, że w ciągu dnia zrobiliśmy coś złego, poczujmy wyrzuty sumienia z powodu owych czynów i – rozważając, w jaki sposób te same czyny popełnione w przeszłości powodują, że stale doświadczamy przykrych konsekwencji – udzielmy sami sobie surowego upomnienia. Pomyślmy, że jeżeli dalej będziemy pozwalać sobie na takie postępowanie, to w przyszłości doprowadzi nas to do podobnych niepożądanych konsekwencji.

Oto droga: starajcie się, starajcie się, starajcie się! Wtedy jest nadzieja, że może po latach... Możecie się doskonalić. Błogosławieństwa innych nie wystarczą, by osiągnąć ten cel. Jako buddysta sądzę, że poza tym miejscem istnieją tysiące tysięcy, miliony miliardów buddów i bodhisattwów. My jednak jesteśmy tutaj i ciągle zmagamy się z trudnościami, które napotykamy, gdy coś nam się nie udaje. Tak więc błogosławieństwa to nie wszystko. Czy to jest jasne? Błogosławieństwa muszą przyjść do nas od wewnątrz. Niemożliwe jest, aby pojawiły się bez naszego wysiłku, prawda?

Trójjęzyczny słownik terminów buddyjskich

Szczegółowe omówienie wielu technicznych terminów oraz ich definicji wraz z możliwymi przekładami na angielski znajduje się w: Geshe Thupten Jinpa i Dr. Gyurme Dorje, *Glossary of Key Tibetan, Buddhist and Sanskrit Terms* [w:] *A Handbook of Tibetan Culture*, Graham Coleman (red.), Random House, London 1993.

polski	*tybetański*	*sanskryt*
bezpośrednie postrzeganie	*mngon sum*	*pratyakṣa*
blogosławieństwo	*byin rlabs*	
bodhiczitta	*byang chub kyi sems*	*bodhicitta*
bóstwo dźwięku	*gra'i lha*	
bóstwo formy	*gzugs kyi lha*	
bóstwo litery	*yi ge'i lha*	
bóstwo pieczęci	*phyag rgya'i lha*	
bóstwo pustki	*stong pa'i lha*	
bóstwo symbolu	*phyag mtshan gyi lha*	
brak tożsamości	*ngo bo nyid med pa byt ngo bo*	
byt	*ngo bo*	*svabhāva*
całkowita pustka	*thams cad stong pa*	*sarvaśunya*
ciało całkowitej radości	*long spyod rdzogs pa'i sku*	*saṁbhogakāya*
ciało emanacji	*sprul sku*	*nirmāṇakāya*
ciało formy	*gzugs sku*	*rūpakāya*
ciało iluzoryczne	*sgyu lus*	
ciało oświeconej istoty	*sans rgyas kyi sku*	*kāya*
ciało prawdy	*chos sku*	*dharmakāya*
ciało umysłu	*yid lus*	
cierpienie, brak satysfakcji	*sdug bsngal ba*	*duḥkha*
Czenrezik	*sPyan ras gzigs*	*Avalokiteśvara*

polski	*tybetański*	*sanskryt*
cztery całkowite czystości	*yongs dag bzhi*	
cztery całkowite zaniechania	*yongs dag spong ba bzhi*	
cztery pieczęcie	*phyag rgya bzhi*	
cztery rodzaje błogości	*dga' ba bzhi*	
cztery rodzaje zaufania	*ston pa bzhi*	
cztery składniki cudownych mocy	*rdzu 'phrul gyi rkang pa bzhi*	
cztery sposoby rozumienia	*tshul bzhi*	
Cztery Szlachetne Prawdy	*'phags pa'i bden pa bzhi*	
cztery uważności	*dran pa nyer bzhag bzhi*	
cztery zasady	*rigs pa bzhi*	*yukticatuṣṭaya*
czystość	*ka dag*	
ćwiczenie umysłu (lodziong)	*blo sbyong*	
dharmakaja wewnętrznego blasku	*ka dag nang gsal gyi chos sku*	
dhjanibudda	*gshegs pa*	*dhyānibuddha*
doskonałość mądrości	*shes rab kyi pha rol tu phyin pa*	*prajñāpāramitā*
duma bóstwa	*lha'i nga rgyal*	
dwanaście ogniw (łańcucha) zależnego powstawania	*rten 'brel yan lag bcu gnyis*	
dyscyplina; reguła zakonna	*'dul ba*	*vinaya*
dyscyplina indywidualnego wyzwolenia	*so sor thar pa*	*prātimokṣa*
dzierżyciel wadżry przyczyny	*rgyu rdo rje 'dzin pa*	
dzierżyciel wadżry skutku	*'bras bu rdo rje 'dzin pa*	
dziesięć szkodliwych działań	*mi dge ba bcu*	
dziewięć stopni pojazdów	*theg pa rim pa dgu*	
etap spełnienia	*rdzogs rim*	*sampannakrama*
etap tworzenia	*bskyed rim*	*utpattikrama*
etap wstępny	*las dang po pa*	
fundamentalna podstawa	*kun gzhi*	*ālaya*
Gelug	*dge lugs*	
głęboka ścieżka	*zab mo'i lam*	
gniewna recytacja	*khro bo'i bzlas pa*	
inicjacja	*dbang*	*abhiṣcka*
inicjacja dobroczynna	*phan pa'i dbang*	
inicjacja mądrości-poznania	*shes rab ye shes kyi dbang*	
inicjacja potencjału	*nus pa'i dbang*	
inicjacja słowa	*tshig dbang*	
inicjacja tajemna	*gsang dbang*	
inicjacja wazy	*bum pa'i dbang*	
istotne cechy	*rang gimtshan nyid*	*svalakṣaṇa*
jeden smak	*ro gcig*	
joga bez znaków	*mtshan med kyi rnal 'byor*	
joga bóstwa	*lha'i rnal 'byor*	
jogaczara	*rnal 'byor spyod pa*	*yogācāra*
joga wiatru	*rlung gi rnal 'byor*	*prāṇayoga*
joga ze znakami	*mtshan bcas kyi rnal 'byor*	
Kagiu	*bka' rgyud*	

polski	*tybetański*	*sanskryt*
klasa przestrzeni	*klong sde*	
klasa tajemnych pouczeń	*man ngag gi sde*	
klasa umysłu	*sems sde*	
madhjamakaprasangika	*dbu ma thal 'gyur*	*madhyamaka-prāsaṅgika*
madhjamikaprasangika	*dbu ma thal 'gyur pa*	*mādhyamika-prāsaṅgika*
mandala	*dkyil 'khor*	*maṇḍala*
mądrość jako czynnik ścieżki	*shes rab kyi cha*	
metoda dojścia	*sgrub thabs*	*sādhana*
metodyczny czynnik (ścieżki)	*thabs kyi cha*	
mieszanki	*bsre ba*	
najwyższy król działania	*las rgyal mchog*	
najwyższy król mandali	*dkyil 'khor rgyal mchog*	
natura	*rang bzhin*	*svabhāva*
nieesencjonalny	*bdag med*	*anātman*
niekonceptualność	*mi rtog pa*	
niezależna tożsamość	*rang skya thub pa'i ngo bo*	
Ningma	*rnying ma*	
nowicjusz	*dge tshul*	*śrāmaṇcra*
nowicjuszka	*dge tshul ma*	*śrāmaṇcrikā*
obiektywne czyste światło	*yul gyi 'od gsal*	
obrót kołem Dharmy jasno wyjaśniający różnice	*legs par rnam par phye ba'i chos 'khor*	
obrót kołem Dharmy odnoszący się do braku wewnętrznych cech	*mtshan nyid med pa'i chos 'khor*	
ogromna pustka	*stong pa chen po*	*mahāśūnya*
ostateczne bóstwo	*don dam pa'i lha*	
ostateczny	*nges don*	*nītārtha*
ośmiostopniowa szlachetna ścieżka	*'phags lam yan lag brgyad*	
parinirwana	*mya ngan las 'das pa chen po*	*parinirvāṇa*
partnerka dhjanibuddy	*gshegs ma*	
pieczęć (zob. też: symboliczny gest dłoni)	*phyag rgya*	*mudrā*
pierwotna świadomość	*rig pa*	
pięć oczyszczeń	*mngon byang lnga*	
podstawowa (fundamentalna) świadomość	*kun gzhi rnam shes*	*ālayavijñāna*
podstawowa niewiedza	*ma rig pa*	*avidyā*
podstawowy wrodzony umysł czystego światła	*gnyug ma lhan cig skyes pa'i 'od gsal gyi sems*	
pojazd	*theg pa*	*yāna*
pojazd bodhisattwów	*byang sems kyi theg pa*	*bodhisattvayāna*
pojazd Brahmy	*tshang pa'i theg pa*	*brahmayāna*
pojazd Buddy	*sangs rgyas kyi theg pa*	*buddhayāna*
pojazd indywidualnego wyzwolenia	*theg dman*	*hīnayāna*

polski	*tybetański*	*sanskryt*
pojazd potężnych środków	*dbang sgyur thabs kyi theg pa*	
pojazd powszechnego wyzwolenia	*theg pa chen po*	*mahāyāna*
pojazd słuchaczy	*nyan thos kyi theg pa*	*śrāvakayāna*
pojazd tantry	*rgyud theg pa*	*tantrayāna*
pojazd urzeczywistniających się samotnie	*rang sang rgyas kyi theg pa*	*pratyckabuddhayāna*
pojazd wadżry (wadżrajana)	*rdo rje theg pa*	*vajrayāna*
powodowany przez coś innego	*gzhan dbang can*	
pozbawiony wewnętrznej realności i tożsamości	*rang bzhin gyis grub pa'i ngo bo med pa*	
prawdziwe ustanie	*'gog pa'i bden pa*	
przedarcie się	*khregs chod*	
przejawianie się (wszystkiego)	*kun snang gi ting nge 'dzin*	
przeniesienie świadomości	*'pho ba*	
przeskok	*thod brgal*	
pusta forma	*stong gzugs*	*śūnyarūpa*
pustka	*stong pa nyid*	*śūnyatā*
pusty	*stong pa*	*śūnya*
recytacja jak palankin	*khyogs kyi bzlas pa*	
recytacja wadżry	*rdor bzlas*	
recytacja zaangażowana	*dam tshig gi bzlas pa*	
recytacja zwana ognistym stosem	*phung bzlas*	
rozległa ścieżka	*rgya che ba'i lam*	
Sakja	*sa skya*	
sama pustka	*shin tu stong pa*	*atiśūnya*
sambhogakaja zewnętrznego blasku	*lhun grub phyi gsal gyi longs sku*	
sfera formy	*gzugs khams*	*rūpadhātu*
sfera poza formą	*gzugs med khams*	*ārūpadhātu*
siedem stopni ścieżki do oświecenia	*byang chub yan lag bdun*	
skupienie obdarzające wyzwoleniem na końcu dźwięku	*sgra mthar thar pa ster ba'i bsam gtan*	
skupienie umiejscowione w dźwięku	*sgra gnas kyi bsam gtan*	
skupienie umiejscowione w ogniu	*me gnas kyi bsam gtan*	
spokój (wyciszenie)	*zhi gnas*	*śamatha*
spontaniczność	*lhun grub*	
stabilizacja medytacji na przejawianiu się	*kun snang gi ting nge 'dzin*	
stabilizacja medytacji na przyczynie	*rgyu'i ting nge 'dzin*	
stabilizacja medytacji na takości	*de kho na nyid kyi ting nge 'dzin*	
stałe współpoznawanie	*lhan cig dmigs nges*	*sahopalambhaniyama*
subiektywne czyste światło	*yul can gyi 'od gsal*	

polski	*tybetański*	*sanskryt*
sutra	*mdo*	*sūtra*
symboliczny gest dłoni (zob. też: pieczęć)	*phyag rgya*	*mudrā*
sześć doskonałości	*phar phyin drug*	
sześć parametrów	*mtha'i drug*	
szkoła mulasarwastiwady	*gzhi thams bcad yod par smra pa*	*mūlasarvāstivāda*
szkoła „pustki w relacji" (szentong)	*gzhan stong*	
szkoła sankhji	*grangs can pa*	*sāṁkhya*
szkoła sautrantiki	*mdo sde pa*	
ścieżka-i-owoc	*lam 'bras*	
środkowa droga (madhjamaka)	*dbu ma*	*madhyamaka*
świadomość	*rnam par shes pa*	*vijñāna*
świecka osoba praktykująca płci męskiej	*dge bsnyen*	*upāsaka*
świecka osoba praktykująca płci żeńskiej	*dge bsnyen ma*	*upāsikā*
tantra	*rgyud*	*tantra*
tantra czynu	*bya rgyud*	*kriyātantra*
tantra jogi	*rnal 'byor rgyud*	*yogatantra*
tantra matki	*ma rgyud*	
tantra metody	*thabs kyi rgyud*	
tantra najwyższej jogi	*rnal 'byor bla med kyi rgyud*	*mahānuttarayoga-tantra*
tantra niedualna	*gnyis med kyi rgyud*	
tantra ojca	*pha rgyud*	
tantra przyczyny	*rgyu'i rgyud*	
tantra skutku	*'bras ba'i rgyud*	
tantra wykonania	*spyod rgyud*	*caryātantra*
tantry ascetycznej świadomości	*dka' thub rig byed kyi theg pa*	
tęczowe ciało	*mja' lus*	
tożsamość (wewnętrzna tożsamość)	*bdag; rang gi ngo bo nyid*	
tożsamość wywiedziona z samych zjawisk	*bdag las skye ba'i ngo bo nyid*	
Trójkosz	*sde snod gsum*	*Tripiṭaka*
trzy kaje podstawy	*gzhi dus kyi sku gsum*	
trzy odosobnienia	*dben pa gsum*	
trzy stabilizacje medytacji	*ting nge 'dzin gsum*	
trzy wyższe ćwiczenia	*lhag pa'i bslab pa gsum*	
tylko umysł	*sems tsam*	*cittamātra*
ukryte znaczenie	*sbas don*	
uprawnienie	*dbang*	*abhiṣcka*
uwarunkowane istnienie	*'khor ba*	*saṁsāra*
wewnętrzny byt	*rang bzhin gyis grub pa*	*svabhāvasiddha*
wewnętrzna tożsamość	*rang bzhin gyis grub pa'i ngo bo*	*svarūpa*
wewnętrzny żar	*gtum mo*	

polski	*tybetański*	*sanskryt*
wielka doskonałość (dzogczien)	*rdzogs chen*	
wielkie zdziwienie	*sems hal po*	
wolność od cyklicznej egzystencji	*myang 'das*	*nirvāṇa*
w pełni wyświęcony mnich	*dge slong*	*bhikṣu*
w pełni wyświęcona mniszka	*dge slong ma*	*bhikṣunī*
wprawienie w ruch koła Dharmy	*chos 'khor bskor ba*	*dharmacakra-pravartana*
współczucie	*thugs rje*	*karuṇā*
wszechprzenikająca przestrzeń wadżry	*mkha' khyab mkha'i*	
wymagające interpretacji	*drang don*	*neyārtha*
zasada poprawnego dowodu	*'thad pa'i rigs pa*	*upapathisāddha-nayukti*
zasada skuteczności	*bya ba byed pa'i rigs pa*	*kāryakaraṇayukti*
zasada rzeczywistości	*chos nyid kyi rigs pa*	*dharmatāyukti*
zasada zależności	*bltos pa'i rigs pa*	*apekṣāyukti*
zezwolenie	*rjes gnang*	*anujñā*
zjawiska całkowicie ukryte	*shin tu lhog gyur*	
zjawiska całkowicie ustalone	*yongs grub*	
zjawiska jawne	*mngon 'gyur*	
zjawiska naznaczone skazą	*zag bcas kyi chos*	
zjawiska nieznacznie ukryte	*cung zad lhog gyur*	
zjawiska zależne	*gzhan dbang gyi chos*	*paratantra*
zjawiska z nadania	*kun btags*	*parikalpana*
zjednoczenie błogości i pustki	*bde stong zung 'jug*	
zjednoczenie dwóch prawd	*bden gnyis zung 'jug*	
znaczenie dosłowne	*yig don*	
znaczenie ogólne	*spyi don*	
znaczenie ostateczne	*mthar thug gi don*	
zrównywanie siebie z innymi (wymienianie siebie na innych)	*bdag gzhan mnyam brjes*	
zwolennik środkowej drogi (madhjamik)	*dbu ma pa*	*mādhyamika*

Słowniczek wybranych imion i terminów

Arjadewa – mistrz indyjski, przedstawiciel szkoły madhjamaki, najwybitniejszy uczeń twórcy tej szkoły – Nagardżuny. Żył na przełomie II i III wieku n.e. Pochodził z południa Indii bądź, według innych relacji, ze Sri Lanki. Jego najważniejszym dziełem jest *Czterysta strof o środkowej drodze* (*Catuḥśatakaśāstrakārikā*).

Bhawawiweka (znany także jako Bhawja, Bhawiweka lub Bhawin) – wybitny mistrz indyjski żyjący w VI wieku n.e.; przedstawiciel szkoły madhjamaki, twórca systemu swatantrikamadhjamaki. Na temat jego życia wiadomo tylko tyle, że pochodził z południa Indii. Jego najważniejsze dzieła to *Lampa mądrości* (*Prajñāpradipa*), stanowiąca komentarz do głównego dzieła twórcy szkoły, Nagardżuny, oraz *Istota środkowej drogi* (*Madhyamakahṛdayakārikā*) i jego własny do niej komentarz *Ogień rozumowania* (*Tarkajvālā*).

bhikszu (sanskr.) – mnich buddyjski.

bodhisattwa (sanskr.) – ktoś, kogo jedynym pragnieniem jest służenie szczęściu i oświeceniu wszystkich istot. W szerszym znaczeniu termin ten odnosi się do każdego, kto ślubował wyrzeczenie się własnego oświecenia, aby pracować dla dobra innych. W węższym znaczeniu jest to określenie istoty, która nie tylko przyjęła powyższe ślubowanie, lecz również rozpoznała pustkę i rozwinęła współczucie.

Buddhaśridżńana – indyjski mistrz żyjący na przełomie XII i XIII wieku, prawdopodobnie uczeń Haribhadry; przybył do Tybetu w 1200 roku. Pozostawił kilka komentarzy do pism mahajany i mantrajany.

Congkhapa (1357–1419) – założyciel szkoły Gelug buddyzmu tybetańskiego; odnowił szkołę Kadam. Studiował, praktykował i pisał, nauczając systemów sutrajany i wadżrajany wszystkich szkół z linii nowego przekładu. Filozofia madhjamaki (środkowej drogi) w interpretacji Congkhapy, zachowana w ogromnym zbiorze komentarzy do dzieł Nagardżuny i Czandrakirtiego, wywarła ogromny wpływ na rozwój wszystkich szkół filozoficznych Tybetu.

Czandrakirti (580–650) – wybitny mistrz indyjski, przedstawiciel szkoły madhjamaki, faktyczny twórca systemu prasangikamadhjamaki. Na temat jego życia zachowało się niewiele informacji; prawdopodobnie pochodził z południa Indii, z rodziny bramińskiej. Pozostawił dwa dzieła własne oraz cztery komentarze do pism twórców madhjamaki. Najważniejsze jego prace to *Wprowadzenie do środkowej drogi* (*Madhyamakāvatāra*), od którego w tradycji tybetańskiej zaczyna się studia nad madhjamaką, oraz *Komentarz do madhjamaki wyrażony jasnymi słowami* (*Mūlamadhyamakavṛttiprasannapadā*).

czittamatra (sanskr.) – zob. *jogaczara*.

Dharma (sanskr.) – termin mający wiele znaczeń. Tradycyjnie słowem tym określa się przekazane przez Buddę Śakjamuniego nauki ukazujące drogę do oświecenia.

Dharmakirti – wybitny mistrz buddyjski z VII wieku; przedstawiciel szkoły sautrantikajogaczary – popularnie określanej jako szkoła buddyjskiej logiki – uważany często za najwybitniejszego jej przedstawiciela. Pozostawił co najmniej osiem pism filozoficznych, z których siedem jest uznawanych za kanon buddyjskiej logiki. Najważniejsze jego dzieło to *Komentarz do kompendium poprawnego poznania* (*Pramāṇavarttikakārikā*); powszechnie znane są także: *Kropla logiki* (*Nyāyabindu*) i *Kropla [rozważań] o racji* (*Hetubindu*).

etap spełnienia – drugi i końcowy etap praktyki w tantrze najwyższej jogi, w której poprzez medytacyjne praktyki angażujące subtelne kanały, energie (wiatry) i esencje (krople) ciała jogin stopniowo urzeczywistnia stan buddy wolny od projektowania czegokolwiek.

etap tworzenia – pierwszy etap praktyki w tantrze najwyższej jogi, w której jogin poprzez wykonywanie różnych sadhan i intensywną recytację mantr stopniowo rozwija czyste wyobrażenie siebie w formie jidama i poczucie tożsamości z nim.

gesze (tyb.) – dosłownie „duchowy przyjaciel". W tradycji Gelug tytuł ten jest obecnie nadawany tym, którzy przeszli wieloletnią edukację klasztorną i osiągnęli wysoki poziom zaawansowania w buddyjskich naukach.

Guhjasamadżatantra – jeden z najważniejszych systemów tantry najwyższej jogi w tradycji nowego przekładu. Tantra Guhjasamadży stanowi typowy przykład praktyk etapu spełnienia, skodyfikowanych przez Nagardżunę w *Pięciu stopniach* (*Pañcakrama*).

hinajana (sanskr.) – dosłownie „mały pojazd"; jedna z dwóch głównych tradycji buddyzmu, które rozwinęły się w starożytnych Indiach. Celem praktykujących hinajanę jest własne wyzwolenie (w przeciwieństwie do mahajany – „wielkiego pojazdu", gdzie praktykujący dążą do osiągnięcia oświecenia dla pożytku wszystkich czujących istot).

jednoupunktowienie – skupienie umysłu na jednym obiekcie; aspekt medytacji śamathy, czyli medytacji wyciszającej.

jogaczara (sanskr.) – indyjska szkoła buddyzmu mahajany, która kładzie nacisk na fenomenologię medytacji. Filozofowie jogaczary dzielą umysł na osiem świadomości: pięć zmysłowych oraz trzy umysłowe – łącznie ze świadomością podstawową. Szkoła ta jest znana z doktryny „tylko umysłu" (*cittamātra*), według której wszystkie zjawiska powstają ze śladów karmicznych pozostawionych w strumieniu świadomości dzięki sile oddziaływania karmana, czyli czynu.

Kalaczakratantra – według niektórych najważniejszy system tantry najwyższej jogi. Tantra Kalaczakry stanowi zarówno podstawę ważnych praktyk medytacyjnych, jak i ważne źródło dla matematyki, astrologii i przepowiedni w tradycji buddyzmu tybetańskiego.

karman (sanskr.) – określenie to odnosi się do działań i śladów, jakie owe działania pozostawiają w strumieniu świadomości. Termin ten dotyczy działań ciała, mowy i umysłu. Chodzi tu o cały proces działania przyczyny i wywoływanego przez nią skutku.

madhjamaka (sanskr.) – jeden z czterech głównych systemów filozoficznych starożytnej myśli indyjskiej. Madhjamaka, czyli „środkowa droga", została założona przez Nagardżunę. Najbardziej znana jest z wyłożenia doktryny ostatecznego braku jaźni (esencji czy substancji) osób i rzeczy oraz ze wskazania środkowej drogi pomiędzy materializmem a nihilizmem poprzez postulat istnienia dwóch prawd – konwencjonalnej (względnej) i ostatecznej (absolutnej). W ramach madhjamaki istnieją dwie główne szkoły – prasangika i swatantrika.

mahajana (sanskr.) – dosłownie „wielki pojazd"; jedna z dwóch głównych tradycji buddyzmu, które rozwinęły się w starożytnych Indiach, przy czym ta druga przez zwolenników mahajany nazywana jest hinajaną, czyli „małym pojazdem". Kluczową cechą mahajany, związanej z tradycjami buddyjskimi Tybetu, Chin, Japonii, Korei i Wietnamu, jest położenie nacisku na altruistyczne i współczujące poczucie uniwersalnej odpowiedzialności za dobro wszystkich czujących istot jako na podstawę osiągnięcia oświecenia.

mahamudra (sanskr.) – dosłownie „wielka pieczęć"; 1) najwyższy cel, czyli urzeczywistnienie natury buddy; 2) główna praktyka szkoły Kagiu buddyzmu tybetańskiego.

Maitreja (znany także jako Maitrejanatha) – wybitny filozof buddyjski żyjący na przełomie III i IV wieku n.e.; faktyczny twórca szkoły jogaczary; nauczyciel Asangi; przez późniejszą tradycję utożsamiony z przyszłym buddą Maitreją, od którego Asanga miał otrzymać nauki. Na temat jego życia nie zachowały się żadne dane, nie jest znana również dokładna liczba jego dzieł. Obecnie przypisuje mu się autorstwo takich znanych tekstów jogaczary, jak: *Odróżnienie środkowej drogi od skrajności* (*Madhyāntavibhāga*), *Rozróżnienie Dharmy od rzeczywistości* (*Dharmadharmatāvibhāga*) oraz *Ozdoba sutr mahajany* (*Mahāyānasūtrālaṅkāra*).

mantra (sanskr.) – ezoteryczna sylaba, słowo albo frazy (zazwyczaj w sanskrycie) recytowane m.in. w buddyjskich praktykach medytacyjnych.

Dla praktykującego recytacja mantry może być formą medytacji albo modlitwy.

Milarepa – jedna z najbardziej czczonych w buddyzmie tybetańskim postaci. W młodości, zanim został uczniem Marpy, posługiwał się czarną magią i pozbawił życia wiele osób. Po wielu latach bardzo ciężkich doświadczeń i samotnej medytacji w celu oczyszczenia negatywnego karmana swoich złych uczynków Milarepa osiągnął oświecenie i został sławnym nauczycielem. Jego poematy, znane jako *Sto tysięcy pieśni Milarepy*, oraz jego biografia należą do najpopularniejszych utworów literatury tybetańskiej.

Nagardżuna – jeden z najważniejszych indyjskich filozofów buddyzmu mahajany żyjący w II wieku n.e. Uważa się, że wydobył on z krainy nagów sutry znane jako *Doskonałość mądrości* (*Prajñāpāramitā*), a później usystematyzował te nauki jako filozofię środkowej drogi, madhjamaki. Nagardżuna to także imię jednego z ważnych autorów tantrycznych tekstów.

nawykowe skłonności – stworzone przez karman tendencje do pewnych zachowań, które – jak się uważa w systemie jogaczary – są utrwalone w świadomości podstawowej (*ālayavijñāna*).

pandita – termin używany w Indiach na określenie uczonego.

pięć skandh – w myśl filozofii buddyjskiej system umysł–ciało można podzielić na pięć zespołów (zbiorów), którymi są: forma, odczuwanie, percepcja, wola i świadomość. Według wielu filozofów buddyjskich tworzą one podstawę, na której powstaje poczucie „ja" jednostki i jej tożsamość osobowa.

parinirwana – dosłownie „całkowite wygaśnięcie"; stan, w jaki wchodzi w chwili śmierci osoba, która za życia osiągnęła już wolność od cierpienia i jego przyczyn, czyli nirwanę.

prasangikamadhjamaka (sanskr.) – odłam madhjamaki, indyjskiej szkoły buddyzmu mahajany. Szkoła prasanghikamadhjamaki jest związana z Buddhapalitą i Czandrakirtim. Większość tybetańskich uczonych utrzymuje, że reprezentuje ona najdokładniejszą interpretację nauk Buddy Śakjamuniego na temat nieesencjonalności (braku tożsamości). W przeciwieństwie do szkoły swatantrikamadhjamaki, prasangikamadhjamaka nie akceptuje niezależnego sylogistycznego wnioskowania, jako że znaczenia terminów w dowodzie zawsze zależą od interpretatora owych terminów. Tak więc wszystkie tezy, które zakładają istnienie wewnętrznej tożsamości, mogą w konsekwencji zostać sprowadzone do nieakceptowalnego czy absurdalnego wniosku (*prasaṅga*).

przebóstwianie się – praktyka polegająca na wizualizowaniu swojego ciała jako ciała bóstwa, doświadczaniu mowy i wszystkich dźwięków jako mantry bóstwa oraz doświadczaniu zjawisk mentalnych jako niedualnej mądrości.

sansara (sanskr.) – cykl uwarunkowanej egzystencji, w którym wszystkie czujące istoty bez końca krążą z powodu siły swego karmana i negatywnych stanów mentalnych. Nazywana także cykliczną egzystencją, sansara jest stanem nieoświeconego istnienia, w którym nieustannie doświadcza się cierpienia.

sautrantika (sanskr.) – jeden z czterech głównych systemów filozoficznych starożytnej buddyjskiej myśli w Indiach. Według sautrantiki rzeczywistość składa się z niepodzielnych bytów, które nie mają ani przestrzennej, ani czasowej rozciągłości. Te „przedmioty jednostkowe" mogą być materialne, przy czym są wtedy niepodzielnymi, chwilowymi cząstkami, albo mentalne – są wtedy chwilowymi momentami mentalnymi. Chociaż system sautrantiki nie głosi nieesencjonalności wszystkich rzeczy, to jednak odrzuca brak trwałej jaźni osób.

sfera formy – w kosmologii buddyjskiej: jedna z trzech sfer egzystencji (pozostałe dwie to sfery pożądania i poza formą). Zamieszkują ją dewowie, którzy różnią się od dewów ze sfery pożądania tym, że pozbyli się wszystkich form żądzy poza pożądaniem widzialnych, słyszalnych i dotykalnych przedmiotów postrzegania zmysłowego. W sferze formy rodzimy się w wyniku medytacji czy też doskonalenia się w jednym z czterech wyższych etapów (poziomów) koncentracji (*dhyāna*).

sfera poza formą – w kosmologii buddyjskiej: jedna z trzech sfer egzystencji (pozostałe dwie to sfera pożądania i sfera formy). Istoty sfery poza formą nie odczuwają pożądania ani też nie mają żadnej fizycznej formy.

W sferze tej rodzimy się w wyniku medytacji czy też doskonalenia się w jednym z czterech wyższych etapów (poziomów) koncentracji medytacyjnej (*samādhi*).

substancjalna przyczyna – podstawowa przyczyna określonego skutku; na przykład chociaż wiele warunków musi zostać spełnionych, aby wyrósł zielony pęd, to w tym wypadku jego przyczyną substancjalną jest ziarno.

sutra (sanskr.) – pismo zawierające nauki przypisywane Buddzie Śakjamuniemu. Sutry, przedstawione w formie rozpraw i dialogów z uczniami, wchodzą w skład Trójkosza (*Tripiṭaka*) – najstarszego zachowanego zbioru buddyjskiego piśmiennictwa. Dwa pozostałe kosze to: winaja – teksty traktujące o zasadach moralnej dyscypliny, oraz abhidharma – pisma poświęcone mądrości, filozofii i psychologii.

sylaba nasienna – esencja bóstwa i jego mantry wyrażona w formie sylaby.

swatantrikamadhjamaka (sanskr.) – odłam madhjamaki – indyjskiej szkoły buddyzmu mahajany – najbardziej związany z Bhawiweką. Główną doktryną tej szkoły jest akceptacja niezależnego sylogistycznego wnioskowania, w którym znaczenia terminów w sylogizmie są konwencjonalnie niezależne od interpretatora tego sylogizmu. Tak więc na poziomie konwencjonalnym rzeczy mają wewnętrzną tożsamość.

sześć doskonałości (*sześć paramit*) – podstawowa praktyka mahajany, sposób odnoszenia się bodhisattwów do zjawisk relatywnych. Zwykle mówi się o sześciu paramitach, czyli o sześciu rodzajach działań pomagających w urzeczywistnieniu natury buddy. Istnieje również podział na dziesięć paramit odpowiadających dziesięciu stopniom bodhisattwy.

szkoły nowego przekładu – tradycje sutrajany i tantrajany propagowane w Tybecie od X wieku, nazywane tak w odróżnieniu od rozwijającej się w VIII i IX wieku tradycji starego przekładu, czyli Ningmy (zapoczątkowanej przez Guru Padmasambhawę). Szkoły linii nowego przekładu – mające różne indyjskie źródła, które czasem są zbieżne – znane są jako Sakja (zapoczątkowana w XI wieku przez Kynczioga Gialpo), Kagiu (wywodząca się od Tilopy, Naropy, Marpy, Milarepy i Gampopy) oraz Kadam (założona przez indyjskiego mistrza Atisię). Ta ostatnia później, po odnowieniu przez Congkhapę, została nazwana Gelug.

Śakjaśribhadra (znany także jako Śakjaśri) – żyjący na przełomie XII i XIII wieku wybitny indyjski mistrz z Kaszmiru, który wraz z grupą uczniów przybył do Tybetu w 1204 roku.

śamatha (sanskr.) – 1) stan spokoju, wyciszenia, stabilności umysłu, stanowiący podstawę medytacji; 2) technika medytacyjna, prowadząca do tego stanu.

Śantidewa – wybitny mistrz indyjski z przełomu VII i VIII wieku, przedstawiciel prasangikamadhjamaki; zasłynął jako twórca *Przewodnika po ścieżce bodhisattwy* (*Bodhicaryāvatāra*), odznaczającego się wybitnymi walorami poetyckimi i filozoficznymi.

tantra (sanskr.) – dosłownie „kontinuum"; określenie to odnosi się do ezoterycznych nauk i praktyk Buddy.

Trzy Klejnoty – 1) Budda – oświecony nauczyciel lub własny przyszły stan oświecenia, 2) Dharma – nauki, które prowadzą do szczęścia, wyzwolenia i oświecenia, oraz 3) Sangha – duchowa wspólnota tych, którzy prawidłowo kroczą buddyjską ścieżką.

uciążliwe emocje – negatywne stany mentalne i emocje (*kleśāvaraṇa*), które zaciemniają prawdziwą naturę rzeczywistości i stanowią siłę napędową procesu odradzania się w cyklicznej egzystencji, sansarze. Istnieją rozmaite podziały negatywnych stanów mentalnych składających się na owe uciążliwości, ale wszystkie one mieszczą się w kategoriach trzech trucizn umysłu: pożądania, gniewu i niewiedzy (omroczenia).

wadżrajana (sanskr.) – dosłownie „pojazd niezniszczalnej rzeczywistości", zwany też diamentowym pojazdem; ścieżka buddyzmu tantrycznego. W tym kontekście termin „wadżra" odnosi się do niezniszczalnej rzeczywistości naturalnej nieesencjonalności wszystkich zjawisk, którą wykorzystuje się jako „pojazd" niosący do oświecenia. Na przykład poprzez wizualizację i recytowanie mantry zwykłe ciało przekształca się w ciało bóstwa, a zwykłą mowę – w mowę oświeconą.

waibhaszika (sanskr.) – jeden z czterech głównych systemów filozoficznych starożytnej myśli buddyjskiej w Indiach. Szkoła waibhasziki utrzymuje, że wszechświat jest zbudowany z ograniczonego zbioru niepodzielnych cząstek zwanych dharmami. Wszystkie złożone rzeczy można zredukować do owych dharm, które same zachowują niezmienną tożsamość (dotyczy to zarówno przeszłości, jak i teraźniejszości czy przyszłości). Choć system waibhasziki nie głosi nieesencjonalności, czyli braku tożsamości wszystkich zjawisk, to jednak utrzymuje, że osoba nie ma trwałej jaźni (trwałego „ja”).

Wasubandhu – mistrz indyjski; prawdopodobnie żył w IV wieku n.e. W trakcie swego życia bronił różnych filozoficznych stanowisk, począwszy od hinajanistycznej sarwastiwady, przez sautrantikę, po mahajanistyczną jogaczarę; tę ostatnią miał przyjąć pod wpływem Asangi, który według tradycji miał być jego starszym przyrodnim bratem. Pozostawił wiele pism samodzielnych oraz komentarzy. Najbardziej znane są *Skarbnica wiedzy* (*Abhidharmakośa*) oraz komentarz (*bhāṣya*) do niej, w których Wasubandhu naucza filozofii sarwastiwady i sautrantiki, oraz trzy traktaty objaśniające stanowisko jogaczary: *Dwadzieścia strof* (*Viṁśatikā*), *Trzydzieści strof* (*Triṁśikā*) i *Wykład o trzech aspektach* (*Trisvabhāvanirdeśa*). Niektórzy współcześni uczeni twierdzą, że w odstępie kilkudziesięciu lat żyło dwóch filozofów o tym imieniu.

winaja – zob. *sutra.*

zespoły – zob. *pięć skandh.*

zręczne środki – wszelkie pedagogiczne sposoby używane w buddyzmie służące nauczaniu o ostatecznym celu, czyli wyzwoleniu z cierpienia, i o drodze do niego prowadzącej.

Bibliografia

(dzieła cytowane lub wspomniane przez J.Ś. Dalajlamę)

„P" odnosi się do *The Tibetan Tripiṭaka*, Peking Edition, Tibetan Tripitaka Research Institute, Tokyo i Kyoto 1956; „Toh." – do *A Complete Cataloque of the Tibetan Buddhist Canons*, Tohoku Imperial University Press, Sendai 1934. Wykorzystane w książce *Pisma zebrane* Congkhapy pochodzą z wydania z Taszi Lhunpo (bKra shis lhun po) – przedruk: Ngałang Geleg Demo, New Delhi 1980.

Sutry i tantry

Czakrasamwaratantra
Tantrarājaśrīlaghusaṁvara
rGyud kyi rgyal po dpal bde mchog nyung ngu
P16, t. 2

Doskonałe wypowiedzenie imienia Mandżuśriego
Aryamañjuśrīnāmasaṁgiti
'Phags pa'jam dpal gyi msthan yang dag par brjod pa
P2, t. 1

Doskonałość mądrości
Prajñāpāramitāsūtra
Shes rab kyi pha rol tu phyin pa'i mdo

Ta obszerna kategoria sutr obejmuje m. in. *Osiem tysięcy strof na temat doskonałości mądrości*, *Sutrę tnącą niczym diament* oraz popularną *Sutrę serca doskonałości mądrości*.
Tłumaczenie na angielski zob. wstęp do *Sutry serca doskonałości mądrości*; także: E. Conze, *The Large Sutra on Perfect Wisdom with the divisions of the Abhisamayālaṅkāra*, University of California Press, Berkeley i Los Angeles 1975.

Hewadżrantra
Hevajratantrarāja
Kye'i rdo rje zhes bya ba rgyud kyi rgyal po
P10, t. 1
Tłumaczenie na angielski: D.L. Snellgrove, *The Hevajra Tantra*, London Oriental Series, t. 6, Oxford University Press, London 1959 (wznow. 1964, 1971).

Kompendium mądrości wadżry
Jñānavajrasamuccayanāmatantra
Ye shes rdo rje kun las btus pa
P84, t. 3

Kompendium zasad
Sarvatathāgatatattvasaṁgraha
De bzhin gshegs pa thams cad kyi de kho na nyid bsdus pa
Toh. 479

Nandy wprowadzenie do [teorii] macicy
Āyuṣmannandagarbhāvakrāntinirdeśa
Tshe dang ldan pa dga' bo mngal du 'jug pa bstan pa
P760.13, t. 23

Rdzenna tantra Guhjasamadży (*Guhjasamadżatantra*)
Guhyasamājanāmamahākalparāja
gSang ba 'dus pa zhes bya ba brtag pa'i rgyal po chen po
P81, t. 3

Rdzenna tantra Kalaczakry (*Kalaczakratantra*)
Śrīkālacakranāmatantrarāja

dPal dus kyi 'khor lo'i rgyud kyi rgyal po
P4, t. 1

Sutra o dotarciu do Lanki
Laṅkāvatārasūtra
Lang kar gshegs pa'i mdo
P 775, t. 29
Tłumaczenie na angielski: D.T. Suzuki, *The Lankavatara Sutra*, Routledge and Kegan Paul, London 1956.

Sutra o indywidualnym wyzwoleniu
Prātimokṣasūtra
So sor thar pa'i mdo
P1031, t. 42

Sutra o istocie tathagaty
Tathāgatagarbhasūtra
De bzhin gshegs pa'i snying po'i mdo
P924, t. 36; Toh. 258

Sutra o kiełku ryżu
Śālistambhasūtra
Sa lu'i ljang pa'i mdo
P876, t. 34

Sutra serca doskonałości mądrości
Prajñāhṛdaya /Bhagavatiprajñāpāramitāhṛdayasūtra
Shes rab snying po/bCom ldan 'das ma shes rab kyi pha rol tu phyin pa'i snying po'i mdo
P160, t. 6
Tłumaczenie na angielski: E. Conze, *Buddhist Texts Through the Ages*, Cassirer, Oxford 1954, s. 152–3, oraz *Perfect Wisdom: The Short Prajñāpāramitā Texts*, Buddhist Publishing Group, Devon 1993.

Sutra wyjaśniająca myśl Buddy
Saṁdhinirmocanasūtra
dGongs pa nges par 'grel pa'i mdo
P774, t. 29

Tantra zwana szczytem wadżry
Vajraśekharamahāguhyayogatantra
gSang ba rnal' 'byor chen po'i rgyud rdo rje rtse mo
P113, t. 5

Tantra zwana namiotem wadżry
Vajrapañjaratantra (*Dākinīvajrapañjaramahātantrarājakalpa*)
mKa' 'gro ma rdo rje gur zhes bya ba'i rgyud kyi gyal po chen po'i brtag pa
P11, t. 1

Traktaty i komentarze

Arjadewa
Catuḥśatakaśāstrakārikā (*Czatuhśataka*)
Czterysta strof o środkowej drodze
bsTan bcos bzhi brgya pa zhes bya ba'i tshig le'ur byas pa
P5246, Vol. 95
Tłumaczenie na angielski: K. Lang, *Aryadeva's Catuḥśataka: On the Bodhisattva's Cultivation of Merit and Knowledge*, Indiske Studier, Vol. VII, Akademish Forlag, Copenhagen1986; także: Geshe Sonam Rinchen, *Yogic Deeds of the Bodhisattvas: Gyeltsap on Aryadeva's Four Hundred*, Ruth Sonam (tlum.), Snow Lion, Ithaca 1994.

Asanga
Abhidharmasamuccaya (*Abhidharmasamuczczaja*)
Kompendium wiedzy
mNgon pa kun las bstus pa
P5550, t. 112
Tlumaczenie na francuski: Wapola Rahula, *Le Compendium de la Super-Doctrine (Philosophie D'Asanga)*, École Française d'Extrême-Orient, Paris 1971.

Śrawakabhumi (*Śrāvakabhūmi*)
Poziomy słuchaczy

Nyan thos kyi sa
P5537, t. 110

Aświaghosza
Gurupañcāśikā (*Gurupańczaśika*)
Pięćdziesiąt strof o guru
Bla ma lnga bcu pa
P4544, t. 81

Bhawawiweka
Madhyamakahṛdayakārikā (*Madhjamakahridajakarika*)
Istota środkowej drogi
dBu ma'i snying po
P5255, t. 96

Madhyamakahṛdayavṛtti-tarkajvālā (*Tarkadżwala*)
Ogień rozumowania
dBu ma'i snying po'i grel pa rtog ge 'bar ba
P5256, t. 96
Tlumaczenie na angielski rozdzialu trzeciego zob. S. Iida, *Reason and Emptiness*, Hokuseido, Tokyo 1980, s. 52–242.

Buddhapalita
Buddhapālitamūlamadhyamakavṛtti
Komentarz Buddhapality do podstaw środkowej drogi
dBu ma rtsa ba'i grel pa buddha pa li ta
P5254, t. 95

Buddhaśridżńana
Mañjuśrīmukhāgama
Tajemne słowa Mańdżuśriego
'Jam dpal dbyangs kyi zhal lung
Toh. 1853–54

Samantabhadranāmasādhana
Sadhana zwana Wszelką Pomyślnością
sGrub thabs kun bzang
Toh. 1855

Congkhapa (Tsong kha pa)
Wielki opis tantry
sNgags rim chen mo
Pisma zebrane, t. *ga* (3)
Tłumaczenie na angielski dwóch pierwszych części Jeffrey'a Hopkinsa w: *Tantra in Tibet*, George Allen and Unwin, London 1977.

Wielka prezentacja etapów ścieżki
Byang chub lam gyi rim pa chen mo
Pisma zebrane, t. *pha* (13)
Tłumaczenie na angielski części „Koncentracja" i „Szczególny wgląd" dokonane przez Elizabeth Napper zob. *Dependent-Arising and Emptiness*, Wisdom Publications, London 1989 (tłumaczenie częściowe), oraz przez Alexa Waymana zob. *Calming the Mind and Discerning the Real*, Columbia University Press, New York 1978.

Czandrakirti
Catuḥśatakaṭīkā (*Czatuhśatakatika*)
Komentarz do Czterystu strof
bZhi brgya pa'i rgya cher 'grel pa
P5266, t. 98

Madhyamakāvatāra (*Madhjamakawatara*)
Wprowadzenie do środkowej drogi
dBu ma la 'jug pa
P5261, t. 98; P5262, t. 98
Pełne tłumaczenie na angielski tej pracy zamieszczono w: C.W. Huntington, Jr., i Geshe Wangchen, *The Emptiness of Emptiness*, University of Hawaii Press, Hawaii 1989.
Przekład na angielski pierwszych pięciu rozdziałów znajduje się w: Jeffrey Hopkins (tłum.), *Compassion in Tibetan Buddhism*, Snow Lion, Ithaca 1980.
Przekład rozdziału szóstego można znaleźć w: Geshe Rabten, *Echoes of Voidness*, Stephen Batchelor (tłum.), Wisdom Publications, Boston 1983.

Mūlamadhyamakavṛttiprasannapadā (*Prasannapada*)
Komentarz do madhjamaki wyrażony jasnymi słowami
dBu ma rtsa ba'i 'grel pa tshig gsal ba
P5269, t. 98

Tłumaczenie na angielski wybranych rozdziałów: M. Sprung, *Lucid Exposition of the Middle Way*, Prajna, Boulder 1979.

Pradīpoddyotananāmaṭīkā
Jasna Lampa
'Grel pa sgron gsal
Toh. 1785

Dharmakirti
Pramāṇavarttikakārikā
Komentarz do kompendium poprawnego poznania
Tshad ma rnam 'grel gyi tshig le'ur byas pa
P5709, t. 130

Dodrub Dzigme Tenpej Nima (rDo grub 'jigs med bstan pa'i nyi ma)
Ogólna prezentacja Guhjagarbhy
gSang ba snying po'i spyi don
Pisma zebrane, t. *ca* (5)
Dodrubczien Rinpocze (wyd.), Gangtok 1975

Dzieła różne na temat wielkiej doskonałości
rDzogs chen gsung thor bu'i skor
Pisma zebrane, t. *ca* (5)
Dodrubczien Rinpoche (wyd.), Gangtok 1975

Dżńanagarbha
Satyadvayavibhāga
Analiza dwóch prawd
bDen gnyis rnam 'byed
Toh. 3881
Tłumaczenie na angielski: M.D. Eckel, *Jnanagarbha's Commentary on the Distinction Between the Two Truths*, SUNY Press, Albany 1986.

Kulika Pundarika
Vimalaprabhā
Nieskazitelne światło
'Grel Chen dri med 'od
P2064, t. 46

Kunkczien Dzigme Lingpa (Kun mkhyen jigs med gling pa)
Skarbnica cech oświecenia
Yon tan mdzod
Pisma zebrane, tomy *ka* (1) i *kha* (2)

Longczien Rabdziampa (Klong chen rab 'byams pa)
Skarbnica przestrzeni rzeczywistości
Chos dbyings mdzod
Pisma zebrane, tom *kha* (2)

Skarbnica najwyższego pojazdu
Theg mchog mdzod
Pisma zebrane, tomy *ga* (3) i *nga* (4)

Maitreja
Madhyāntavibhāga (*Madhjantawibhaga*)
Odróżnienie środkowej drogi od skrajności
dBus dang mtha' rnam par 'byed pa
P5522, t. 108

Mahāyāna-uttaratantraśāstra (*Uttaratantra*)
Najwyższe kontinuum wielkiego pojazdu
Theg pa chen po rgyud bla ma'i bstan bcos
P5525, t. 108
Tłumaczenie na angielski: E. Obermiller *Sublime Science of the Great Vehicle to Salvation*, „Acta Orientalia", nr 9 (1931), s. 81–306; J. Takasaki, *A Study on the Ratnagotravibhagā*, I.S.M.E.O., Rome 1966, oraz Ken i Katia Holmes (z tybetańskiego), *The Changeless Nature*, Karma Drubgyud Darjay Ling, Dumfriesshire 1985.

Nagardżuna
Mūlamadhyamakakārikā (*Mulamadhjamakakarika*)
Podstawowe strofy środkowej drogi
dBu ma rtsa ba'i tshig le'ur byas pa
P5224, t. 95
Tłumaczenie na angielski: F. Streng, *Emptiness: A Study in Religious Meaning*, Abingdon Press, Nashville i New York 1967; K. Inada, *Nāgārjuna: A Translation of His Mūlamadhyamakakārikā*, Hokuseido Press, Tokyo 1970.

Pañcakrama (*Pańczakrama*)
Pięć etapów
Rim pa lnga pa
P2667, t. 61

Ratnāvalī (*Ratnawali*)
Drogocenny wieniec
Rin po che'i phreng ba
P5658, t. 129
Tłumaczenie na angielski z tybetańskiego: Lati Rinpoche i J. Hopkins *The Precious Garland of Advice for the King* [w:] Dalai Lama Tenzin Gyatso i in., *The Buddhism of Tibet*, Snow Lion, Ithaca 1987, s. 105–206. Zob. też: G. Tucci (tłum. i red.), *The Ratnāvalī of Nāgārjuna*, JRAS, wyd. z 1934, s. 307–325; wyd. z 1936, s. 237–252, 423–435.

Śantidewa
Bodhicaryāvatāra (*Bodhiczarjawatara*)
Przewodnik po ścieżce bodhisattwy
Byang chub sems pa'i spyod pa la 'jug pa
P5272, t. 99
Tłumaczenie na angielski z sanskrytu: Marion L. Matics, *Entering the Path of Enlightenment*, Macmillan, New York 1970, i Parmananda Sharma, *Śāntideva's Bodhicaryāvatāra*, Aditya Prakashan, New Delhi 1990 (dwa tomy); tłumaczenie na angielski z tybetańskiego: Stephen Batchelor, *A Guide to the Bodhisattva's Way of Life*, Library of Tibetan Works and Archives, Dharamsala 1979.

Wasubandhu
Abhidharmakośakārikā (*Abhidharmakośa*)
Skarbnica wiedzy
Chos mngon pa'i mdzod kyi tshig le'ur byas pa
P5590, t. 115

Viṁśatikā
Dwadzieścia strof
Nyi shu pa'i tsig le'ur byas pa
Toh. 4056

Indeks

Wydawnictwo poleca

Pema Cziedryn *Kiedy życie nas przerasta*

Str. 200, format 125 x 200, oprawa miękka

Radykalne i zarazem pełne humoru i współczucia rady Pemy Cziedryn na temat postępowania w chwilach, gdy bezpieczny świat naszych przyzwyczajeń się rozpada, wywodzą się z tradycyjnych buddyjskich nauk. Książka przedstawia: sposoby komunikowania się, które prowadzą do otwartości i poczucia więzi z innymi; praktyki pozwalające zmienić negatywne nawykowe schematy naszych zachowań; metody wykorzystywania trudnych doświadczeń, tak by służyły rozwijaniu mądrości, współczucia i odwagi.

Pema Cziedryn *Zacznij tu, gdzie jesteś*

Str. 220, format 125 x 200, oprawa miękka

To niezwykła książka o budzeniu współczującego serca i nieustraszoności wobec wszystkiego, co pojawia się w naszym życiu i... w nas samych. Autorka z wnikliwością i humorem prezentuje sposoby, dzięki którym możemy zaprzyjaźnić się z samym sobą i rozwinąć najgłębsze współczucie wobec innych. Pokazuje, jak zaczynać od tego, co w nas jest, jak przyjmować bolesne aspekty życia i przekształcać je, zamiast tłumić lub odrzucać. Prezentowane nauki są osnute wokół wskazań do praktyki *lodziong*, pochodzącej z tradycji buddyzmu tybetańskiego. Prowadzi ona do odkrycia autentycznej pogody ducha, pewności siebie i radości życia.

Pema Cziedryn *Miejsca, które budzą lęk*

Str. 198, format 125 x 200, oprawa miękka

Wybór należy do nas, twierdzi Pema Cziedryn: życiowe okoliczności mogą nas usztywniać i przepełniać uczuciami coraz silniejszego lęku i goryczy – albo uwrażliwiać i czynić życzliwszymi dla innych. Autorka uczy mądrego podejścia do problemów i trudności, które napotykamy w życiu. Ta mądrość jest dla nas w każdej chwili dostępna, ale na ogół blokujemy ją nawykowymi reakcjami, które mają swoje źródło w lęku. Przezwyciężywszy ów lęk, doznajemy uczucia otwartości i łagodności.

Wydawnictwo poleca

Czogiam Trungpa *Wolność od duchowego materializmu*
Str. 218, format 145 x 205, oprawa miękka

Oryginalny styl Czogiama Trungpy Rinpocze, stanowiący połączenie życzliwej ironii z powagą, znajomość życiowych realiów oraz niezwykła zdolność przekazywania esencji buddyjskich nauk na sposób zachodni sprawiają, że książka ta jest jednym z najprzystępniejszych tekstów buddyjskich. Autor omawia na jej stronach wspólne wszystkim praktykom duchowym pułapki duchowego materializmu. Te klasyczne już nauki buddyjskie od lat inspirują zarówno zaawansowanych, jak i początkujących w medytacyjnej praktyce.

Thubten Cziedryn *Buddyzm dla początkujących*
Str. 202, format 143 x 206, oprawa miękka

Buddyzm dla początkujących pomaga zachodniemu czytelnikowi odpowiedzieć na wiele podstawowych pytań. Autorka jasno i przystępnie przedstawia buddyjskie spojrzenie na problemy i niepokoje codziennego życia. Prowadzi czytelnika przez główne założenia buddyzmu, pokazując, jak żyć w sposób mniej agresywny, za to bardziej świadomy i satysfakcjonujący. Doskonała i inspirująca lektura nie tylko dla początkujących.

To książka napisana z myślą o ludziach, którzy pragną zrozumieć podstawowe zasady buddyzmu i dostroić do nich swoje codzienne życie.

J.Ś. XIV Dalajlama

Dalajlama *Świat buddyzmu tybetańskiego. Zarys filozofii i praktyki*
Str. 224, format 143 x 206, oprawa miękka

J.Ś. Dalajlama przedstawia złożoną strukturę buddyzmu tybetańskiego – jego filozofię i praktykę – łącznie z ezoteryczną ścieżką buddyzmu wadżrajany. To wyjątkowe opracowanie teorii i praktyki, w którym łączy się ostry, przenikliwy wgląd autora, dogłębna i pełna refleksji analiza oraz głębokie duchowe doświadczenie powiązane ze zdumiewającą wiedzą o każdym obszarze buddyjskiej myśli.